搶賺人民幣，你準備好了嗎？

　　這幾年，不論是從媒體的角度，還是從經濟數據呈現上，中國似乎變得不一樣了！

　　這是因為過去的中國，由於幅員廣大，加上不講究資本主義，所以人力和廠租都很便宜，於是吸引世界級的企業集結在此設廠。在 1980 年代，中國人民平均所得不到 300 元人民幣，那個時候外界對中國人的印象，就是穿著藍色的工作服，做著粗重低階的工作；凡是外銷歐美的商品，背後標籤都寫著「Made In China」。

理由 1

30 倍的內陸人民平均所得成長，消費力也等比提升

　　這個 MIC 的標籤，不但讓中國人賺到許多外匯（現在中國的外匯存底已經超過 3 兆美元了），也讓世人慢慢注意到這隻睡醒的大獅。除了股神巴菲特及投資大師吉姆・羅傑斯等直接把錢投入中國大陸股市外，也吸引包括台商在內的許多國際廠商，爭先恐後地飄洋過海要前進中國，趕著可以分一杯羹，像鴻海集團及專攻運動鞋的製鞋大廠寶成公司等。

　　不過，在 2008 年年中，中國完美舉辦北京奧運後，全世界開始對中國刮目相看，中國也開始積極轉型！中國政府提出「追港超台」的口號，尤其在 2012 年歲末十八大之後，多項經濟方案持續發燒。

　　原本在 1978 年經濟改革開放之前的中國，人民平均所得是 300 美元左右；

2008 年之後，包括中國的廣東省、京滬地區的人民平均所得，提高到大約是一萬美元；這意謂著 30 年的時間，增幅也超過 30 倍！中國的經濟實力驟然提升，不再是以往世人眼中的「藍螞蟻」，搖身一變成為「紅貴賓」——而且是新一代當紅的消費新貴族群！

理由 2

兩岸貨幣清算機制建立，台幣人民幣互換省錢又便捷

大陸總理溫家寶曾說：「任何很小的數字乘以 13 億，就可以變得很大！」這 13 億的乘數效果，再加上中國一年兩次的「黃金周」長假，儼然是創造出來的消費旺季；因此，即使一個東西的利潤只有 1 塊錢，在乘數效果的放大之下，也能賺上 13 億元。也難怪中國最近這幾年來，逐漸從世界工廠，轉型為世界市場，並且一躍成為全世界兵家必爭的一塊大餅！

那麼這塊大餅，在台灣的你我，能吃得到嗎？又該怎麼吃呢？

在 2013 年農曆過年前，經由兩岸的金融主管機關密切協商，連袂送給台灣人民一個金融業務的大紅包——那就是建立兩岸貨幣清算機制。在這個機制建立之後，台幣與人民幣的匯兌，不需要再透過第三國的外幣（例如美元），直接就可以互相兌換；甚至於以人民幣計價的理財商品也陸續開放了，這對於一般的台灣投資人來說，既可以節省匯兌成本、降低匯率風險，也少了許多打算錢進中國的資金，在以往總是需要繞道香港等地的不便。

「搶賺人民幣」的管道更加多元

而在「貨幣直航」之後，可以「搶賺人民幣」的管道已經更加多元，例如在銀行端的商品有人民幣存款、人民幣衍生性金融商品、雙元貨幣等結構型商品；在保險端則有人民幣投資型商品；在券商端則有複委託業務、承銷寶島債；在資產管理／投信端，則推出了以人民幣計價的基金等金融商品。一時之間，百花齊放，整個金融圈預估，這將會是新一波投資熱潮的開始！

在升值與匯差之間尋求平衡

只是投資朋友在搶搭貨幣（人民幣）直通車之餘，也得要考量一些潛在的風險，以免在新鮮感過了之後，卻讓自己的鈔票縮水了。

那需要注意哪些事項呢？

首先要注意的是，人民幣一定會有升值行情可以期待嗎？或是一定會有匯差可賺嗎？

答案當然是不一定！如果人民幣兌美元升值幅度小於台幣，乍看之下，投資人是有賺到利息；但是如果換回台幣，恐怕就會賠到本金了。所以，投資人在選擇人民幣存款時，也要注意匯率的變動，盤算何時可以將人民幣換回台幣；或是什麼時候，比較適合將台幣轉為人民幣。總而言之，關心匯率的變化，將更能替自己多賺滿一點荷包。

提醒 2

注意法令或政策的變更所帶來的風險

此外，如果投資朋友想要投資人民幣衍生性金融商品，最好要事先搞清楚可能的風險；特別是除了市場因素之外，會不會因為某些非市場性因素，例如法令或政策的變更，而影響到交易風險或評價結果等。

兩岸「貨幣直航」的班機已經陸續起飛了，小資男女們可以掌握此番熱潮，跟著我們這本書，好好掌握這波獲利的契機！

搶賺人民幣，你準備好了嗎？

梁亦鴻｜ Profile

職稱：精進財商顧問股份有限公司 副總經理／國立台北商業大學 兼任助理教授

金融業及講座經歷：
● 台北國際商業銀行（營業部，信託部）
● 日盛證券（國外事業處）
● 亞洲證券（金融商品部、總經理室）
● 華南永昌證券（金融商品部）
● 南山人壽財富管理部 顧問（投資顧問團隊主管）
● 正平會計師事務所 顧問
● 台灣財富管理規劃發展協會 監事
● 證基會「金融知識普及計劃」校園巡迴講座 講師
● 長庚大學管理學研究所 兼任講師（衍生性金融商品實務分析）
● 中華民國證券商同業公會、文化大學、台北商業技術學院、世新大學推廣教育部 兼任講師
● CFP 各模組講師／證券分析師

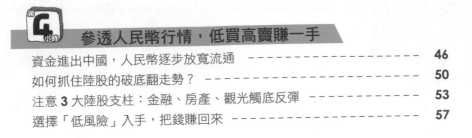

第 4 小時　參透人民幣行情，低買高賣賺一手

第一次就上手專欄

選股票要跟著政策走

債券要怎麼挑？

房地產投資也不錯！

人民幣理財新方式 1 ／寶島債開賣

人民幣理財新方式 2 ／台灣人可以買 A 股

人民幣理財新方式 3 ／人民幣計價基金上市

注意！稅務問題待確認，相關訊息須留意

目錄 第2天 教你看懂中國股市，找對標的物快狠準

第一次就上手專欄

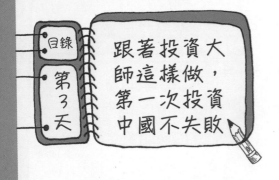

跟著投資大師這樣做，第一次投資中國不失敗

Check！投資中國必看懂的關鍵圖表

第1天

錢進中國，
你準備好了嗎？

在中國，即使一個東西的利潤只有 1 塊錢，在 13 億人口乘數效果放大之下，也能賺上 13 億元。因此這幾年來，中國逐漸從世界工廠，轉型為世界市場，並且一躍成為全世界兵家必爭的一塊大餅！你看準好要投資哪一塊了嗎？而且知道怎麼看情況投資不蝕本嗎？

第 **1** 小時　先搶先贏！攻佔 13 億人口內銷市場

第 **2** 小時　跟著中國企業投資全球，錢滾錢賺更快

第 **3** 小時　兩岸貨幣清算有解，錢進中國找投資標的

第 **4** 小時　參透人民幣行情，低買高賣賺一手

先搶先贏！攻佔 13 億人口內銷市場

中國 13 億人口的乘數效果，再加上黃金周驚人的消費力，僅隔著海峽相望、且同文同種的台灣，怎麼能輕易地放棄投資這塊市場呢？

單元重點

- 十三億人口的乘數效果所創造的內需經濟學
- 觀察驚人的黃金周內需消費力
- 兩岸截長補短創造雙贏經濟

十三億的乘數效果，搶攻中國的內需戰場

Q 擁有 13 億人口的中國，是不是也等於開啟了內需市場？

A 這二十年的光景，中國從一窮二白的世界工廠，成了兵家必爭的世界市場。大陸總理溫家寶曾說：「任何很小的數字乘以 13 億，就可以變得很大！」只要能掌握中國這塊大餅，就是掌握商機。

用仙貝征服中國的旺旺集團，以泡麵在中國殺出重圍的頂新集團，還有大潤發擠掉世界連鎖大賣場的法國家樂福，全都是靠著 13 億人口的消費力，從中國紅回台灣！原本打算銷往外國卻因為金融海嘯賣不完的家電，中國政府登高一呼，搖著「家電下鄉」的旗幟，原本滯銷的商品，也都順利地賣到了鄉間去！

Q 什麼是「家電下鄉」政策？

A 2008 年發生金融海嘯，全世界的經濟處在低迷的情況中，導致許多企業在中國生產的物品，庫存暴增。

2013 ～ 2015 年中國國內經濟成長率

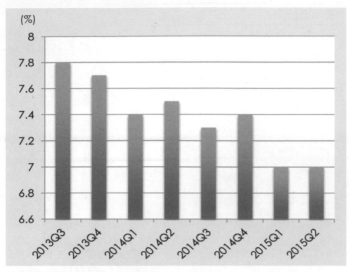

※ 資料來源：鉅亨網

而中國為了刺激內需市場，於是從 2008 年提出「家電下鄉」政策。主要是針對農民購買彩色電視、冰箱及冰櫃、手機、洗衣機等四類產品，政府會給予補貼。

這樣的補貼是有限制的，例如彩色電視和洗衣機不超過 2000 元人民幣，冰箱及冰櫃不超過 2500 元人民幣，手機不超過 1000 元，政府會依照商品的售價，給予 13％的補貼，以達到產品銷售 4.8 億台，消費額 9200 億元人民幣的目標。

「家電下鄉」政策實施四年，在中國全境分三批啟動，因為這個政策，在中國刮起一股買家電的旋風！

重點 光靠中國內需的 13 億人口消費力，不用賺很多，只要賺每個人一塊錢，就晉身為億萬富翁，令人怎麼不心動。

Q 「以消費帶動製造」的方法，的確奏效了！但有哪些廠商受惠？

A 家電受惠企業當中，包括：海信電器（股票代號600060）、四川長虹電器（股票代號600839）、TCL（股票代號000100）等傳統國產家電巨頭，都名列其中。

至於在大陸已經是人手一「機」的手機部分，除了國外大廠：諾基亞、摩托羅拉、三星、LG等受惠於政策的推動之外，中國本土的手機廠商，像：長虹手機（股票代號600839）、海信手機（股票代號600060）、中興通訊（股票代號000063）、海爾（股票代號01169）、華為手機、天宇朗通、夏新、康佳、金立等等17家廠商也都雨露均霑！由於購買手機有政府補助，再加上3G執照發放，對於手機的銷售更是有加乘效果。

此外，2009年以前，全球主要液晶電視銷售戰場，第一名是北美，第二名是歐洲，但是歐美LCD電視市場逐漸飽和，加上金融海嘯重創經濟，中國大陸的「家電下鄉」政策正好成了產業的救世主。再加上中國人民的平均所得提高，上海世博會展現中國軟實力，廠商趁此降價促銷，於是許多方案都激勵了銷售，使得中國在2012年之後，成為全球最大的液晶電視市場！

除了「家電下鄉」的政策，還有「廚衛下鄉」、「汽車下鄉」等政策，都蔚為一股「救市」的風潮。在中國，只要有「政策」這個催化劑，幾乎就是商機的保證！

重點 在中國，只要有「政策」這個催化劑，幾乎就是商機的保證！

2006 ～ 2015 年春節黃金周零售和餐飲業銷售額統計

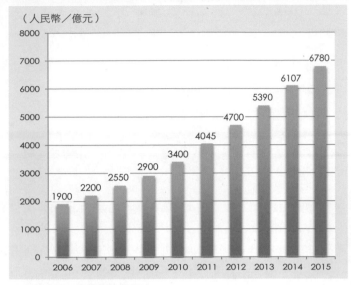

（人民幣／億元）

- 2006：1900
- 2007：2200
- 2008：2550
- 2009：2900
- 2010：3400
- 2011：4045
- 2012：4700
- 2013：5390
- 2014：6107
- 2015：6780

※ 資料來源：中國商務部網站

近幾年中國的人均所得增加的幅度驚人，反映在消費力道上，就是每年的長假周，都是「買很大」。而中國令人咋舌的消費能力，也外溢到國外市場，只要是中國人常去的國家（像是日本、歐洲地區），都有掃貨的新聞出現，由此可見一斑。

人多假長有關係，黃金周境外灑金近千億人民幣

Q 在台灣，通常在開學前和農曆過年時是消費旺季；在美國則是耶誕假期；中國的消費旺季又是什麼時候？

A 中國的消費旺季就是他們的「黃金周」。「黃金周」指的是春假和國慶兩個連續七天的休假日，而春假指五月一日勞動節的長假，又稱為「五一黃金周」，中國的國慶日為十月一日，因此也簡稱「十一長假」！

中國從 2000 年開始制定「長假」，最主要目的是利用假日經濟創造內需，這兩大長假是中國當地旅遊、

交通和商業活動最集中的時段。從 2000 年第一次實施長假，中國國內旅遊就達到 5500 萬人次，隔年突破 8000 萬人次，2014 年黃金周旅遊人次高達 7.1 億人次。

從 2015 年初中國官方發布的數據來看，春節黃金周「境內零售和餐飲銷售額」大約是 6780 億人民幣，比 2014 年同期多了 11％。

Q 應該有不少中國民眾也會趁著黃金周的連續假期，出國旅遊吧？

A 的確，中國人愛去的地區，第一名是歐洲，其次為美國、港台地區、韓國、澳洲、南美及東南亞地區。許多歐美百貨公司，也因為中國的黃金周，會採取特別措施，例如：中文服務、打折、送贈品，希望可以受到中國旅客的青睞！

根據中國銀聯 2014 年公布的數據顯示，黃金周期間，中國銀聯持卡人在境外交易額，比同期增加 23.5％。世界奢侈品協會的相關數據則是顯示，在 2014 年春節黃金周出國旅遊的中國遊客，總體消費額大約是 949 億人民幣。這些消費額度與範圍，包括歐洲約 222 億人民幣、美國約 81 億人民幣、港澳台約 90 億人民幣等等。

值得注意的是，在黃金周期間申請來台旅遊的中國遊客，總計超過 3 萬人次，這儼然是除了台灣農曆過年期間，台灣旅遊業的另一個消費旺季。

重點 中國黃金周不只是帶動內需市場的消費力，也開啟台灣另一波的消費旺季，更重要的是連全球觀光地區都受惠。

2006 ～ 2015 年春節黃金周零售和餐飲業銷售名義同比增率

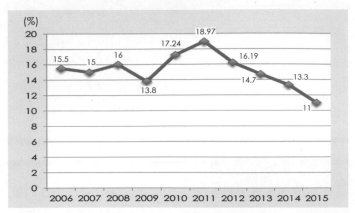

※ 資料來源：中國商務部網站

2006 ～ 2014 年春節黃金周銷售 CPI 增長率

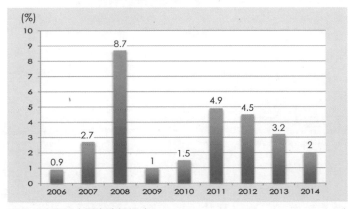

※ 資料來源：中國商務部網站

怎麼善用台灣軟實力與中國硬財力創造兩岸雙贏

Q 兩岸的交流日益頻繁，台灣與中國的投資理財環境，各有何特殊之處？

A 若是以政治來說，台灣是法治國家，中國則是人治國家，這一點，台灣勝出許多！在台灣以法規法條為主，在中國通常是當官的說了算，雖然這幾年，中國政府努力扭轉國際形象，但給人人治色彩較重的刻版印象，恐怕還會持續一些時日。

如果要比較其他經濟以及產業方面，根據台灣經濟部投資業務處在 2010 年所公布的一份投資報告內容顯示，在 2008 年以前，兩岸缺乏全面性合作的基礎；2010 年後，兩岸開始逐步合作，促進雙方產業結構優質化，運用大陸資金與市場優勢，結合台灣創新研發能量與靈活彈性的經管動能，創造互補雙贏的競爭優勢，共同開拓大中華、亞太及全球市場商機。

在技術方面，台灣與中國相較是大獲全勝；而在產品方面的品質良率和多樣性，台灣也擁有優勢！在政策方面，財稅獎勵和政府產業支持度，中國則是佔了上風；至於資金與獲利能力方面，中國則有壓倒性地勝利！

台灣與中國兩岸技術環境比較圖

	台灣	中國
核心技術領先	◎（勝出）	△
自主研發能力	◎（勝出）	△
專業人才充沛	◎（勝出）	○
知識產權保護	◎（勝出）	△

（註：◎：優　○：尚可　△：不佳）

台灣與中國兩岸群聚效應比較圖

	台灣	中國
供應鏈完整度	○	◎（勝出）
可持續發展度	○	◎（勝出）
產業知識分享	◎（勝出）	△

（註：◎：優　○：尚可　△：不佳）

觀念速解

群聚效應

Critical mass，是一個社會動力學的名詞，用來描述在一個社會系統裡，某件事情的存在已達至一個足夠的動量，使它能夠自我維持，並為往後的成長提供動力。

台灣與中國兩岸政策優勢比較圖

	台灣	中國
財稅獎勵	○	◎（勝出）
科技基礎建設	◎（勝出）	○
政府產業支持	○	◎（勝出）

（註：◎：優　○：尚可　△：不佳）

台灣與中國兩岸產品優勢競爭比較圖

	台灣	中國
產能製造良率	◎（勝出）	△
開發產品多樣化能力	◎（勝出）	△
上下游垂直鏈整合完備度	○	◎（勝出）

（註：◎：優　○：尚可　△：不佳）

台灣與中國兩岸企業成長環境比較圖

	台灣	中國
資金來源與融資穩定度	○	◎（勝出）
未來發展與成長潛力	○	◎（勝出）
未來整體獲利能力	○	◎（勝出）

（註：◎：優　○：尚可　△：不佳）

台灣與中國兩岸國際市場優勢比較圖

	台灣	中國
國際市場開發與拓展	◎（勝出）	○
商品市場應用普及度	○	◎（勝出）
國際市場通路掌握能力	◎（勝出）	○
產品品質國際市場競爭力	◎（勝出）	△

（註：◎：優　○：尚可　△：不佳）

※ 資料來源：台灣區電機電子工業同業公會「2009 年中國大陸地區投資環境與風險調查」

第 1 天　　第 2 小時

跟著中國企業投資全球，錢滾錢賺更快

以前打仗是靠武力，現在打仗是靠財力！中國經濟開放之後，從 2006 年開始，就一直蟬聯全球外匯存底的冠軍；當中國變有錢之後，布局全球之道就是：買技術、買通路、買土地，努力買全世界的企業！然後，影響全球經濟！

單元重點

- 看懂外匯存底，看準中國布局全球企業的實力
- 中國運用「買」的戰略，左右全球經濟
- 如何用錢去吸引更多熱錢湧入的策略

看懂外匯存底，看準中國布局全球企業的實力

Q 中國坐穩全球外匯存底第一名的寶座，外匯存底到底是什麼？

A 外匯存底的定義有廣義與狹義兩種。廣義的外匯存底，依照國際貨幣基金會（IMF）的定義，包括政府所持有的黃金、可兌換外幣、在國際貨幣基金的準備頭寸以及 特別提款權（Special Drawing Right, SDR），由於台灣不是會員國，因此只計算前兩項。狹義的外匯存底，則是只計算央行持有的外匯數量，不包括政府所持有的黃金與外幣現鈔。

很多人以為外匯存底金額越高，表示國家越有錢，這不盡然！不過，外匯存底的多寡倒可以視為一個國家國際支付能力高低的指標；尤其對經濟落後或是政治封閉的國家，相當重要！落後國家或是封閉國家的貨幣，在國際上並不流通，而這些國家為了政治利益、經濟發展上的考量，會積極持有大量的外匯存底以備交易。

觀念速解

特別提款權

全名為「Special Drawing Right, SDR」，是國際貨幣基金組織創設的一種儲備資產和記帳單位。當會員國在發生國際收支逆差時，可用特別提款權向基金組織指定的其他會員國換取外匯，以償付國際收支逆差或償還基金組織的貸款，還可與黃金、自由兌換貨幣一樣充當國際儲備，因此也有「紙黃金（Paper Gold）」的稱號，但它不是貨幣。

重點 外匯存底除了提供一國央行干預外匯市場的籌碼之外，也可當作政府清算國際買賣收支的工具。

各國外匯存底排行

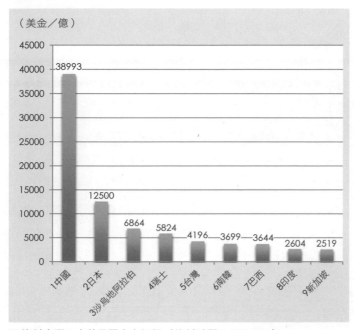

（美金／億）

※ 資料來源：中華民國中央銀行（資料時間：2015.04）

觀念速解

外匯存底

⬥ 有了這個全球外匯存底第一名的寶座後，中國能做什麼？對全球又有什麼影響呢？

Ⓐ 影響大了。中國從 2006 年 外匯存底 首度突破 8500 億美元，打敗日本，躍居全球第一後，2009 年中國外匯存底更進一步突破 2 兆美元；2011 年 3 月，中國外匯存底突破 3 兆美元，坐穩全球外匯存底第一寶座。

　　接近 4 兆美元外匯存底的這個威力，讓中國政府有更充裕的籌碼去調節人民幣的走勢，對中國整體經濟發

又稱為外匯儲備，是一個國家貨幣當局持有並可以隨時兌換外國貨幣的資產，包括現鈔、黃金、國外有價證券等。外匯儲備也代表一個國家的清償能力，對於平衡國際收支、穩定匯率也具有重要的影響。

展來說，絕對是一股重要的穩定力量；而這股力量，更彰顯出全球經濟版圖的位移與消長。

重點 接近 4 兆美元的外匯存底，讓中國政府有更充裕的籌碼去調節人民幣的走勢。

Q 所以中國可以透過外匯存底的力量，布局及影響全世界經濟囉？

A 沒有錯！中國的外匯存底持續增加，可分幾個層面來觀察。

首先，中國這幾年已經是美國國債的最大買家，不過，美國因為 2008 年金融海嘯重創經濟之後，讓美元對大多數國家的貨幣匯率走勢易貶難升。如果再加購美國國債，這絕非上策！但中國也不希望美元崩盤，因為一旦崩盤的話，美國國債這筆天文數字的帳款，可能真的會變成「垃圾」債券而一文不值，中國必定不樂見！

除了美國國債，中國也積極布局全球，買石油、買煤礦、買農產品、買土地、買技術、買世界級的企業！

從 2005 年，中國聯想集團併購 IBM 和入主黑石集

資產負債表

是依照各種資產變化依序逐一列表，並在表內反映各項財產、物資、債權和權利，以及所有的負債和業主權益。因此，資產負債表展示出企業在一特定時間點的財務狀況。

中國人民銀行外匯存底和資產負債表

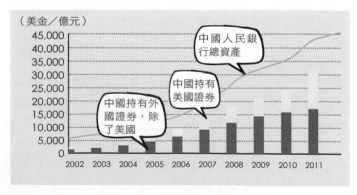

（美金／億元）

團，揭開大富翁遊戲常看到的「買進全世界」序曲之後，中國企業啟動併購的還包括：俄羅斯石油資產前 10 大之一的諾貝魯石油公司、加拿大最大礦產泰克資源公司（Teck Resources Limited）、新加坡來寶集團（供應可可、糖、咖啡等農產品）、澳洲第三大鐵礦石生產商 Fortescue Metals、哈薩克斯坦第二大石油企業──石油天然氣勘探開發公司、瑞士的石油廠商 Addax Petroleum 等等，都成為中國企業的囊中之物！

而在 2011 年初，中國還買下七家德國公司，這些公司都是赫赫有名的大企業！例如：消費性電子企業 Medion AG ──這間公司是筆記型電腦的大買家，訂單一下就是 40 萬台起跳，而這間公司則是被中國聯想集團以 6.3 億歐元收購，雙方因為這起併購案，聯手拿下德國 14％的個人電腦市佔率，以及西歐個人電腦 7.5％的市佔率，更讓中國得以跨足歐洲市場。

另一個震驚全球的投資，就是中國外匯管理局在 2011 年 8 月中旬，買下全球最大再保險公司「慕尼黑再保險」公司 3.04％的股份，這也在財經界投下了一顆震撼彈！

重點 中國早在 2005 年至今就買石油、買煤礦、買農產品、買土地、買技術等等，能買能賺的統統買入股權作為投資。

中國運用「買」的戰略，左右全球經濟

Q 中國境內也有鐵礦，為什麼還要從國外進口？甚至積極併購海外礦產企業？

A 鐵礦有兩種，含鐵量約 66％是富鐵礦，含鐵量 33％則是貧鐵礦。目前，中國鐵礦的粗鋼年產量達到

中國大量建設導致全球鐵礦價格大漲

運三分之二的鐵至中國

巴西

運三分之一的鐵至中國

中國

澳洲

四億噸以上，佔全球 40％；但是，中國大陸的鐵礦以貧礦為主，如果要能製造出四億噸以上的粗鋼，至少需要6 億噸的鐵礦原料才辦得到。另外，除了原料的品質之外，鑄造成本太高也是原因，因此中國寧可選擇向澳洲和巴西購買鐵礦，以節省成本！

從 2003 年到 2006 年，中國鋼鐵產量大幅成長，自己都不夠用了，必須仰賴大量進口，大約 1/3 向澳洲進口，2/3 向巴西進口。巴西和澳洲那幾年因為中國而受惠，不只港口大塞，全球鐵礦砂的價格也因此從 2003年開始飆漲。此外，運送礦砂的 海岬型船隻，租金也隨之上漲。

不只鐵礦，許多原物料等相關產業方面，在通盤考量成本和技術的前提下，中國當然會選擇以併購企業的

觀念速解

海岬
型船隻

運送黃豆、玉米、礦砂、鐵磚及煤炭等大宗貨物的運輸船，總載重噸為 100,000 噸級以上的散裝運輸船，因為船型大，無法通過巴拿馬運河，必須繞道南非好望角，因此稱為「好望角型船」，也叫「海岬型船隻」。

方式，來提升自己的實力。

Ⓠ 不只一般的企業，中國人向來最愛的就是房地產，所以，中資也四處獵房獵地囉？

Ⓐ 中國從「溫州商人」崛起，炒熱中國境內房地產之後，這樣的熱潮向全世界席捲。海外各地的房產從 2010 年之後，開始被中國富豪相中，成為中國「好野人」的囊中之物。例如：加拿大溫哥華、英國倫敦、澳洲墨爾本，或是鄰近中國的台灣、新加坡、日本以及南韓等地，有華人區的房產，幾乎是中國人在海外置產的首選！

小富者購屋，大富者則獵地，對中國人來說是屢見不鮮。舉例而言，中國農業發展集團買土地買到非洲地區，版圖包括：幾內亞、貝寧、尚比亞等地。甚至在坦尚尼亞的土地擁有權，就超過 6000 公頃。

聯合國糧農組織 FAO，看到中國大肆招「土」買「地」，甚至還對非洲各國政府發出警訊：新殖民主義已經興起！如此的殖民方式，不是政治統治或軍事佔領，而是以財力操控。

重點 ➤ 中國入侵全球的新殖民主義已經興起！如此的殖民方式，不是政治統治或軍事佔領，而是以財力操控。

中國對外銀彈攻勢，使國際集團將熱錢湧入

Ⓠ 中國用「買」來佈局全世界，是不是也觸動歐美國家的敏感神經？

Ⓐ 這是必然的。2005 年，中國海洋石油總公司打算併購美國第九大石油公司優尼科（Unocal），引發美國社會強力反彈，最後中國海洋石油總公司不得不放棄。

澳洲力拓集團（Rio Tinto Group），成立於1837年，旗下經營煤、鐵、銅、鋁、黃金、鑽石以及能源等業務，是世界第三大鐵礦石供應商。2009年，中國鋁業公司打算以195億美元入股，最後遭對方毀約而成破局。

美國通用汽車旗下的悍馬汽車，在母公司通用汽車破產之後，中國四川騰中車廠以1.5億美金向悍馬汽車招手，打算趁虛而入。但是拖到2010年的結果也是破局，悍馬汽車因此走向歷史。

中國的野心勃勃，讓歐美國家心存忌憚，試圖封殺中國的投資，希望藉此反逼中國開放外資在中國的投資限制。中國的大肆採購旋風，不只藉機展現國力，更是要讓中國從世界的製造工廠轉型成世界的營運中心。

> **重點** 歐美封殺中國的投資，其實是逼中國開放外資在中國的投資限制。

Q 中國自己的熱錢往國外走，而外資的熱錢也爭相湧入中國囉？

A 中國積極投資海外事業版圖，不只是分散外匯儲備風險，用「買」取得市場通路及產業技術，更是一種戰略！像美國的電腦業、德國的化工業和機械業、澳洲的礦產能源、非洲的土地，這些都是中方的投資目標。

當中國逐漸強大之際，也引起國際投資集團出手，聚焦於中國，在熱錢不斷湧入下，中國的股價和房價，也因此不斷地被推高！而為了調整體質，打擊 熱錢，打擊投機客，中國政府痛下鐵腕，實施 打房政策，曾創下北京一個月的房市交易為零的交易量，打得房仲業者哀鴻遍野，中國股市也因此受傷，外資 掮客 同時得到慘痛教訓。

觀念速解 熱錢

英文全名為「Hot Money/Refugee Capital」，又稱「游資」或是「投機性短期資本」，代表企圖以最低風險追求最高報酬的短期投機資金。

觀念速解 打房政策

打房政策代表政府祭出抑制房價的政策，例如：提高自備款成數、提高房貸利率等等，以抑制房地產投資客炒作房價。

觀念速解 掮客

指的是專門替人介紹買賣，並且從中賺取佣金的人。

中國不論是外匯存底，或是以往講求「保八」的經濟成長率，這些數據象徵的意義是：中國的經濟實力持續增強，相對地，對全球經濟的影響力也不可同日而語！對內，中國有 13 億人口的市場；對外，中國有足夠的銀彈和魄力買外資企業，未來的中國不再是小蝦米，沉睡的大鯨魚早已甦醒！

觀念速解

保八

這裡的「保八」，指的就是 GDP 成長率要保住 8%的水準。

重點 ▶ 1. 中國積極投資海外事業版圖，不只是分散外匯儲備風險，更是一種戰略！

2. 當中國強大之際，國際投資集團也出手聚焦於中國，讓熱錢不斷湧入。

中國資產遍布全球

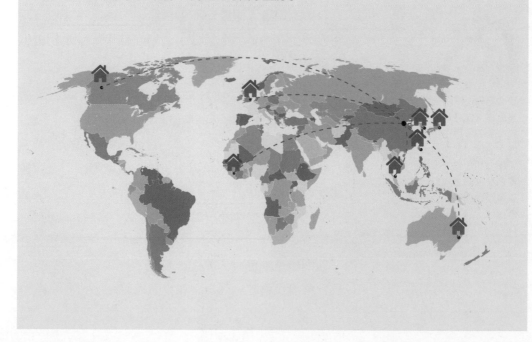

中國政府在加拿大溫哥華、英國倫敦、澳洲墨爾本，或是鄰近中國的台灣、新加坡、日本以及南韓，非洲幾內亞、貝寧、尚比亞等國家蓋房子。

兩岸貨幣清算有解，
錢進中國找投資標的

在兩岸貨幣清算機制確定之後，台幣與人民幣可直接匯兌；甚至於以人民幣計價的理財商品也開放了，這將會是新一波投資熱潮的開始！

單元重點

- 貨幣清算確立，台幣與人民幣直接匯兌沒問題
- 人民幣理財商品正夯，存款利率及匯差兩邊賺
- 找到十八大後的主力商機，跟著投資準沒錯

貨幣清算確立，台幣與人民幣可直接匯兌

Q 「金銀會」到底是甚麼？它有甚麼重要性嗎？

A 在認識貨幣清算之前，要先來認識「金銀會」。

　　台灣的投資人想要參與中國股市，不得不多注意兩岸的政策，其中，「金銀會」的協商結果，就是相當重要的政策指標之一。

　　「金銀會」，要會什麼呢？簡單的說，「金」跟「銀」要協商「兩岸銀行如何監理、如何合作」。「金」代表的是台灣的 金管會，「銀」代表的是中國的 銀監會。雙方各派主委和主席會晤，針對兩岸的銀行互設營業據點申請案，以及 兩岸經濟協議（ECFA）中，關於銀行業的早收承諾等進行討論；甚至對「台商」的定義、綠色通道 範圍，以及貨幣清算機制等內容，也都包含在內。其中最受到重視的議題，就是兩岸銀行互設據點、以及貨幣清算機制，因為這和投資人有直接利害關係！

觀念速解

金管會

正式名稱為「行政院金融監督管理委員會」，是監督與管理金融事務與規劃金融政策的最高權責機構，直屬於行政院。職責包含維持金融穩定、落實金融改革、協助產業發展、加強消費者與投資人保護及金融教育。

觀念速解

銀監會

正式名稱為「中國銀行業監督管理委員會」，統一監督管理中國大陸境內的銀行、金融資產管理公司、信託投資公司和存款類金融機構，以維護銀行業的合法及運行。

（見第 31 頁）

台灣的投資人想要參與中國股市，一定要注意兩岸的政策，尤其是「金銀會」的協商結果。

Q 貨幣清算機制上路之後，對台灣投資人來說，有什麼好處？

A 好處：一是鬆綁匯款金額的限制，二是省下手續費！

關於鬆綁匯款金額的限制，在於貨幣清算機制上路前，台灣規定一天匯款的上限是兩萬元人民幣，現在禁令鬆綁。

其次是節省其間的交易成本，包含手續費及匯兌損失等。以前是台幣先換成美金再兌換成人民幣，或是人民幣兌換成美金再兌換成台幣，總共要被剝兩層皮；不只是匯率的損失，再加上匯款金額的限制。假設要匯個十萬人民幣，就要被收五次的手續費！當貨幣清算機制上路之後，手續費就可以省下不少了！對於想要辦理人民幣業務的台灣投資人來說，絕對是利多消息！

兩岸貨幣清算最大的好處是省去轉換美金的匯兌損失

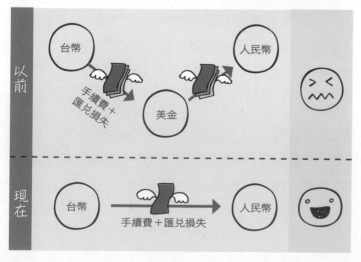

觀念速解

兩岸經濟協議

兩岸經濟協議：ECFA的原名是「兩岸經濟合作架構協議」，俗稱「兩岸經濟協議」，ECFA的目的是希望台灣商品進入中國市場，能夠免關稅，以擴大產品在中國大陸的市占率；相對地，台灣也必須對中國大陸開放市場，提高免關稅商品的比例。

觀念速解

綠色通道

綠色通道：在交通訊號中，綠色代表通行，因此，引申為快捷方便的物流通道。特點是大幅度減少停滯、等待中所消耗的能源與資源，同時減輕對環境的壓力。

Q 兩岸貨幣清算機制確定，也等於是對人民幣「解放」囉？

A 的確是。兩岸每年經貿往來的金額，每年大約是 1700 億美元，台商赴大陸投資累計金額，截至 2012 年底，根據台灣投審會的估計大約是 1233 億美元；但是根據金融業者的粗估，包含透過第三地赴大陸投資的部分，可能超過 3000 億美元。

另外，常駐大陸的台商經理人、幹部及其家屬超過 100 萬人，台灣人民赴大陸旅行人次年逾 280 萬人次，根據這樣的基礎，所衍生的兩岸匯兌需求的確可觀。

兩岸早已經簽署「貨幣清算機制合作備忘錄（MOU）」，大陸人民銀行公布中國銀行台北分行為人民幣清算行，兩岸貨幣清算機制於 2013 年 2 月啟動之後，人民幣存款還有匯款，是最快開辦的項目；另外，其他有關人民幣計價的金融商品，像是以人民幣計價的基金，也在 2013 年 5 月開募了。

中國銀行指定外匯銀行（DBU）開辦人民幣業務之後，已經成為國內銀行衝業績的首要目標。根據台灣央行的統計資料顯示，截至 2015 年 5 月底，台灣國內銀行 OBU 人民幣存款約為 545 億元人民幣；2013 年 2 月 6 日開辦人民幣存款業務後，整體國銀 DBU 人民幣存款餘額，也已經突破人民幣 3000 億元！

中國存款利率高，人民幣理財商品正夯

Q 貨幣清算機制建立後，對台灣的金融機構和投資人有什麼益處呢？

🅐 中國是台灣第一大貿易夥伴，台灣只是中國第七大貿易夥伴，兩岸雙邊貿易規模大約是 1700 億美元，但是台灣對中國的順差金額高達 788 億美元，也是在中國貿易對手中，唯一 順差 的國家！一旦兩岸貿易以人民幣結算的數量提高，台灣自然會形成人民幣的資金池！貨幣清算機制建立之後，對台灣有幾個好處：

好處 1：台灣的金融機構可以開辦人民幣理財商品，以人民幣存款為基礎，提高市佔率和獲利，也對在中國的台資企業提供融資來源。

好處 2：對企業來說，跨境貿易可透過人民幣結算，節省匯兌成本、降低匯率風險；此外，企業要發行人民幣債券，以往是必須透過香港來發行，未來企業可以直接發行、國人可以直接投資，讓企業籌資更方便、民眾投資也更多元。

好處 3：對一般的台灣投資人來說，以往台灣民眾想要投資人民幣商品，必須要到香港去；此外，計價的

觀念速解

順差 與逆差

貿易順差就是在一定的期間裡（通常按年度計算），貿易的雙方互相買賣各種貨物，互相進口與出口，甲方的出口金額大過乙方的出口金額，或甲方的進口金額少於乙方的進口金額，其中的差額，對甲方來說，就叫作「貿易順差」，反之，對乙方來說，就叫作「貿易逆差」。換句話說，一國的：

出口－進口＞0→出超→順差

出口－進口＜0→入超→逆差

貨幣清算對台灣投資人的好處

幣別多數是以外幣為主，未來都不用了，直接在台灣投資就可以了，同樣也是節省匯兌成本、降低匯率風險。

Q 如此一來，對於人民幣商品有興趣或是有需求的人來說，貨幣清算機制是雙贏策略囉？

A 兩岸銀行申設營業據點，再加上開辦人民幣理財業務，對台資銀行來說，是一項利多消息！或許有些人會質疑說，台資銀行到了中國，說不定比地方銀行的財力還不如；但是，換個角度想，對於在中國設廠需要借款的台商，無疑是天降甘霖。

舉例來說，台資銀行前進對岸辦理「中國台資企業人民幣業務」，它主要是針對在中國經商的台資企業提供服務；換句話說，企業必須具備中國商務部門及工商管理部門核准的企業許可文件，並且註明是台灣地區投資者，才能夠開戶！服務內容包括：人民幣存款、放款、匯兌、進出口等各項金融商品。

之所以會先鎖定台資企業，主因為台資企業在中國融資不易，而且台資企業對於人民幣的需求頗高，因此銀行業者在第一階段先以企業為主，未來開放給一般的個人戶也是指日可待。另一個理由是大型的台資企業在人民幣存款部分，光是銀行利息就可以替企業「開源」，成了另類財路。

重點 ▶ 企業必須具備中國商務部門及工商管理部門核准的企業許可文件，並且註明是台灣地區投資者，才能夠開戶！

Q 人民幣存款替企業開源，這是怎麼一回事呢？

A 由於新台幣借款利率超低，因此有不少台資的大型企業，以資金在兩岸的金融機構進出，從低利一方借款，

再把錢存到高利的地方，如此一來就賺到了利差。對於資金需求頗大的集團來說，這種「開源節流」操作方式，在業界早已經不是祕密了。

例如跟台灣銀行借 100 元出來，放在台灣銀行最多也只有 1% 利息。但如果把同樣的 100 元借出來，以台幣：人民幣＝4：1 的兌換比，放至中國大陸銀行，等於 25 元人民幣，再以當地 4% 存款利息計算，會得到 1 元人民幣的利息，等同 4 元台幣。如果人民幣升值到 1 元人民幣可兌換 4.5 元台幣，再減去 1 元台幣的借款利息，就賺了 3.5 元台幣，所以投資者當然選擇高利率的存款方式操作，以便滋生較優沃的利息。

根據廣達、鴻海所公布 2012 年的前 3 季合併財報，兩家科技大廠利息收入大約在百億元左右，扣除利息支出後的淨利息收入，廣達的淨利息收益為新台幣 42.62 億元，鴻海的淨利息收益為 27.94 億元，相較於苦哈哈的同業，如此驚人的利息收入不只讓同業羨慕，對於銀行業者來說，這樣的成績儼然是一家小型銀行的獲利水準，更是叫人吃驚！

雖然不是每一家高科技大廠都有辦法大發「利」市，不過，鴻海和廣達可以吃到紅「利」，要歸咎於兩大因

廣達與鴻海企業集團利息收益獲利率

2012 年前三季	廣達（新台幣）	鴻海（新台幣）
利息收入（A）	123.15 億元	99.04 億元
利息支出（B）	80.53 億元	71.1 億元
淨利息收益 （C=A-B）	42.62 億元	27.94 億元
稅前獲利（D）	225.77 億元	709.64 億元
利息收益對獲利貢獻比重（E=C/D）	18.8%	3.93%

觀念速解

短期融通利率

是因為銀行可以提供合格票據、政府債券、中央銀行發行的定期存單或經中央銀行同意的有價證券為擔保品，申請短期融通，期限不會超過 10 天。一般而言，中央銀行的短期融通利率共有三種：重貼現率，擔保放款融通率及短期融通利率，前二種利率不高，屬於信用放款，利率相當高。

觀念速解

資本性支出

資本性支出是收益性支出或成本性支出的對稱。在企業的經營活動中，供長期使用的、其經濟壽命將經歷許多會計期間的資產，如：固定資產、無形資產、遞延資產等都應作為資本性支出。

素：一是 2012 下半年人民幣升值，二是中國存款利率比台灣高，也因此讓鴻海和廣達賺了不小的外快！

Q 所以，以定存利率來說，人民幣存款對投資人來說，相當具有吸引力囉？

A 近年來，台灣的銀行對大企業 短期融通利率，大約是在 1％上下，但是，在中國的人民幣存款利率大約是 2.8％到 4.7％左右，如此一來，就有所謂的套利空間！也難怪不少企業會以周轉金、借新還舊，甚至資本性支出 等名義，向國內銀行借貸，然後再把錢存到中國境內，賺取人民幣的利息！而這個利息，讓許多受到歐債衝擊出口表現的高科技大廠，能在成績單上添一點漂亮的數字。

過去兩岸進出口貿易多以美元結算，對兩岸進出口額度高的廠商，如果可以減少匯兌風險，同時享受人民幣的增值利益，是再好不過了！

中國存人民幣，要比台灣存人民幣的利率還好

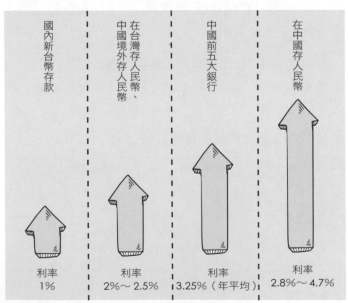

國內新台幣存款　利率 1％

在台灣存人民幣、中國境外存人民幣　利率 2％～2.5％

中國前五大銀行　利率 3.25％（年平均）

在中國存人民幣　利率 2.8％～4.7％

而國內各銀行也明白這是商機，各個摩拳擦掌，在人民幣業務開放後，強力爭取人民幣 跨境貿易結算 業務，除了與中國銀行建立清算關係，也會與工商銀行、農業銀行、建設銀行、交通銀行、招商銀行建立關係。換句話說，當兩岸人民幣匯款結算更方便和更有利時，就將會形成另一波投資趨勢了。

重點 銀行對大企業短期融通利率，在台灣借台幣才1%，再到中國存人民幣有2.8%到4.7%的利率，當然要到中國賺利息。

Q 那麼在中國存人民幣和在台灣存人民幣，存款利率是一樣嗎？

A 鴻海和廣達這樣大型的公司，光是靠人民幣存款利息，就可以擁有如此驚人的獲利！不過，這種重量級的客戶可以享受匯差，並非把錢只存在台灣國內的銀行，或是把錢存在中國境內的銀行；而是因為它在兩岸都擁有戶頭，才能在中國享受高達4%的人民幣存款利息。

所以，在台灣存人民幣和在中國存人民幣，利率是不一樣的！

近年來，在中國境內存人民幣，利率大約是2.8%到4.7%，以降息前中國前五大銀行平均一年利率可高達3.25%；如果在台灣存人民幣，等同於是中國境外存人民幣，利率不比中國境內優惠。在人民幣業務開放初期，各銀行為了吸引客戶，2%到2.5%的利率可能會是起跳價，雖然享受不到3.25%，但還是比少少的國內新台幣存款利率1%要來得多，來得好！此外，投資人可以視利率的多寡，來決定外幣戶頭內的存款要存成哪一種幣別，才能享受到較高的利息。

觀念速解

跨境貿易結算

這裡是指人民幣，主要是進出口企業除了從採用美元信用狀轉為採用人民幣信用狀之外，並不會有明顯的感覺，真正的變化在於境內外銀行之間的後臺結算。比如，中國某出口企業在與海外買家協商過程中，可以要求人民幣結算，海外買家則在付款行開具人民幣信用狀，隨後議付行通知買家，之後才是發貨、收貨、收付款等。

Q 如果利率的差別沒有拉大，是不是就應該要注意匯率了？

A 如果在存放人民幣這段期間，人民幣升值幅度較小或者甚至是貶值，乍看之下，投資人是賺到利息，但是如果換回台幣，恐怕就賠到本金了。舉例來說，台幣定存是 1.3％，人民幣定存是 2％，如果台幣兌人民幣升值超過 0.7％，那存人民幣就不算是利多。

所以，投資人在選擇人民幣存款時，也要注意匯率的變動，何時將人民幣換回台幣，或是何時將台幣轉為人民幣，關心匯率的動態，更能替投資人多賺滿一點荷包。

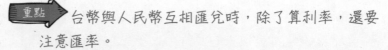 重點 台幣與人民幣互相匯兌時，除了算利率，還要注意匯率。

找到十八大後的主力商機──內需消費與基礎建設

Q 常聽到或是看到媒體在討論「十八大」，到底什麼是「十八大」？

A 兩岸逐漸互相開放金融商品「登台」、或「登陸」，也難怪不少台灣的投資人持續關注，可以投資的焦點是什麼？由於中國是人治的國家，向來以貫徹政策目標為宗旨，因此，投資人只要瞭解中國未來的政策走向，就能掌握商機；其中，中國最重要的政策趨勢，莫過於在 2012 年尾聲落幕的「十八大」！

中共的「十七大」在 2007 年舉行，「十八大」在 2012 年舉行；「十八大」的全名是「中國共產黨第十八屆全國代表大會」，是中國共產黨最高領導機關，如果沒有特殊的情況，通常代表大會由中央委員會召集，每 5 年舉行一次，它的職權是：討論和決定重大問題，修

改黨章，選舉中央委員會和中央紀律檢查委員會。

比較重要的是，中央委員會的所有委員中，會同時選舉出中共總書記和政治局常委，這些人不只是中共的政治核心，並且制定未來施政的方針，以及各項人事任命；而中國政府的領導人，也是透過中華人民共和國全國人民代表大會通過之後而出爐。因此，「十八大」等於是決定中國未來十年發展的指標，也難怪受到國際高度關注！（按 2017 年預定召開「十九大」）

Ⓠ 這次「十八大」選出新的接班梯隊後，中國未來的動向又是如何？

Ⓐ 十八大會議後，包括人事、機構和經濟三大部分，所有的不確定性同時消除了。尤其中國是以黨領政，因此「胡規習隨」經濟與政策發展方向是意料中的事，尤其保持中國經濟穩定，是新任接班團隊最重要的計畫！

投資人必知的第十八屆中央委會全體會議召開時間表

會議名稱	召開時間	討論內容
中國全代大會及一中全會	2012 年 11 月 15 日	選舉中央政治局委員、常委、總書記
新任第一年二中全會	2013 年 2 月	領導班底換血，推薦國家機構領導名單
第一年三中全會	2013 年 10 月	經濟政策與改革方向
第二年四全中會	2014 年 9 月	黨的建議和執政能力
第三年五中全會	2015 年 10 月	制訂下一個五年計畫（簡稱：「十三五計畫」）
第四年六中全會	2016 年 10 月	討論文化社會建設
第五年七中全會	2017 年	檢討任期內工作為下一屆大會鋪路

投資人一定要明白十八大所討論的政策，才能快速調整投資方向及抓緊對的時機投資！一中全會產生中央政治局委員會委員、常委、總書記，形成中國的領導中心之後；接著召開二中全會，此時的目的，是要確認下一屆的國家主席，和國務院總理的建議名單；然後，新一屆的領導班子將會在三中全會，替未來的經濟政策定調。也因此，坊間常有「一中定人事、二中定機構、三中定經濟」的說法；也就是說在人事安排尚未明朗之前，不論政局還是股市都會受到影響。等到人事接班定調，一切的不確定性都將會排除，也會陸續推動經濟振興措施。

 台灣投資人要明白十八大討論哪些重要的議題，才能調整投資策略！

Ⓠ 有什麼數據和政策是投資人必須關注的指標嗎？

Ⓐ 首先，先來看到 GDP 這個數字。以往中國要求「保八」的經濟成長率，這個數字在未來，將不會是一件簡單的事。中國商務部新聞發言人沈丹陽，曾經公開表示，雖然當前經濟有走穩的跡象，是消費成長最重要的基礎性因素；不過，受海外市場萎縮的影響、大陸國內市場經濟成長也開始趨緩。例如：2012 年底的家電、汽車及相關商品的銷售增速放緩。以往強勁的餐飲消費力，也稍微慢了下來。綜合以上情況，中國將 GDP 成長目標，下修至 7.5％，這也暗示中國未來想要擴大消費，將會是一門需要特別關注的課題。

除了 GDP 這個指標數字之外，中國政府也明白調整國家內部結構勢在必行，因此定調未來的經濟方向以「城鎮化」與「所得倍增計畫」為主軸。

重點 投資人必須關注的指標：1. 中國 GDP 走向。2. 注意城鎮化及所得培增計畫的相關議題。

Q 那麼，中國未來的貨幣政策與財政政策又將會是如何？

A 拼經濟是中國未來十年的重頭戲，包括：金融改革、產業招商、基礎建設、獎勵消費這四大項，將是中國未來發展的重點，投資人如果想要跟著政策的腳步走，就要鎖定「高內需」與「高消費」的題材，因此，包括零售、觀光、地產、超市百貨、醫療保健等產業，也都可以是投資的標的。簡單來說，「十八大」之後，中國未來的貨幣政策與財政政策，明顯地朝著向「錢」走，因為相關的城鎮化措施，預估 10 年將花掉 40 兆人民幣！

重點 鎖定「高內需」與「高消費」的題材，如零售、觀光、地產、超市百貨、醫療保健等產業，也都可以是投資的標的。

城鎮化政策中的概念股有哪些？

Q 首先來討論「城鎮化」，「城鎮化」的意義是什麼？

A 所謂「城鎮化」，目的是要縮短城鄉差距。因此，中國政府當局希望外資企業逐漸移往內地，而靠近沿海的廠房能拆就帶走，不能拆的就蓋新的，因此，對企業也給予相當多的優惠。

此外，因為要將原本落後荒蕪之地，建造成全新的城市，因此必須造橋鋪路，甚至設置收費站，同時也提供了工作機會，希望把農、民工逐步轉為城市市民。另外還要有金融機構，甚至像是戶籍制度改革。而這個城鎮化，等於是中國現代化建設的歷史任務，也是擴大內需的最大潛力所在。

指北京至哈爾濱、北京
至廣州深圳的高鐵列
車，行程分別為 5 小時
及 8 小時，已於 2012
年全面通車。

指的是內蒙古的包頭到
雲南昆明的道路，是中
國著名的交通建設「三
縱」之一。

舉例來說，雲南的城鎮化計畫以昆明為中心，估計在 10 到 20 年內建造 6 大城鎮群；新疆的城鎮化率，預估在 2020 年時，可以達到 58％；至於江西，也希望透過城鎮化，讓當地的建築業總產值達到 4000 億人民幣。

重大交通部分，中國構建以陸橋通道、沿長江通道為橫軸，以沿海、京哈京廣、包昆通道為三條縱軸，以軸線上若干城市群為依托、其他城市化地區和城市為重要組成部分的城市化戰略格局，促進經濟重心由東向西、由南向北延伸。

Q 既然「城鎮化」是未來的趨勢，那麼，有哪些概念股？

A 針對「城鎮化」的題材，首當其衝受惠的產業，很明顯地對建築建材、房地產等帶來強大的商機。此外，包括衛生、教育等其他與基本建設相關的產業，也會連帶受到激勵。因此，包括：交通、通信、水電暖氣、汙水垃圾處理、醫療教育、公共服務、建築建材、建工機械，以及在各中小城市擁有土地的公司，或是有在中小城鎮擁有商業網路的公司，都將會是城鎮化題材中翻紅的類股。

中國關於城鎮化的概念股有哪些？

類股	代號	個股
建工	601789	寧波建工（上海 A 股）
	600375	華菱星馬（上海 A 股）
	000856	冀東裝備（深圳 A 股）
	300103	達剛路機（創業股）
	600169	太原重工（上海 A 股）
	002659	中泰橋梁（中小企板股）

類股	代號	個股
建築建材	000885	同力水泥（深圳 A 股）
	600217	秦嶺水泥（上海 A 股）
	000856	冀東裝備（深圳 A 股）
	002443	金州管道（中小企板股）
	000338	濰柴動力（深圳 A 股）
電氣設備	601877	正泰電器（上海 A 股）
	300124	匯川技術（創業股）
土地	000926	福星股份（深圳 A 股）
	000631	順發恆業（深圳 A 股）
汽車	600104	上汽集團（上海 A 股）
	600858	銀座股份（上海 A 股）
地方商業網路	000417	合肥百貨（深圳 A 股）
	600729	重慶百貨（上海 A 股）

Q 「城鎮化」與「所得倍增計畫」的關係為何？又會有哪些熱門投資行業呢？

A 中國的目標是希望在 2020 年時，實現 GDP 與城鄉居民平均收入，比 2010 年的數字翻倍。

此外，以往中國是世界工廠，有些屬於汙染環境或是浪費資源的產業，在別國發展是受到限制的，只有中國敞開懷抱；但現在中國已非昔日吳下阿蒙，因此，中國也將跟隨先進國家的腳步，抱持節約資源與保護環境的策略，強調綠色發展與低碳發展。檢視上述情況，未來的量販、零售、食品等類股、醫療類股，或是像 LED、水資源、新能源車等，有節能環保概念的類股，也將是新興的熱門投資標的。

重點 未來的量販、零售、食品等類股、醫療類股，或是像 LED、水資源、新能源車等，有節能環保概念的類股，也將是新興的熱門投資標的。

Q 在中國股市的新聞中，常出現「逆回購」這三個字，這是什麼意思？

A 「回購（REPO）」與「逆回購（REVERSE REPO）」，在不同的國家，定義會有所不一樣。

以歐美國家來說，是站在交易商的立場，當交易商將債券抵押給央行而獲得貸款，將來還錢贖回債券，這就是「回購」；相反地，如果央行拿債券當抵押品，向交易商借款，等央行還款時就把債券還給央行，這就是「逆回購」。

但是在中國貨幣市場中，卻是以中國央行的角度來解釋，所以，中國「逆回購」的定義是：中國人民銀行向一級交易商購買有價證券，約定在未來的某個特定日期，再將有價證券賣還給一級交易商。就是中國的央行主動向市場出借資金，如同美國的量化寬鬆政策一樣。

Q 也就是說，當中國的央行啟動逆回購，代表有熱錢流入市場中囉？

A 當中國人民銀行啟動逆回購操作，不只可以緩解銀行體系的短期流動性壓力，對於股市資金的持續活絡也是相當有利的。

大陸人民銀行於 2013 年 1 月 5 日，首次啟用當年 5 天期的逆回購操作，金額大約是 900 億人民幣，相較於先前人民銀行進行 7 天、14 天、28 天期的逆回購天數，5 天期的新操作天數，也創下人民銀行發行史上最短期限的逆回購操作。因為銀行得到金援，熱錢才得以留在股市中，所以通常中國人民銀行啟動逆回購的消息一出，也帶動股市的升勢。

重點 ▶ 注意中國央行啟動逆回購，就代表有熱錢流入市場，連帶帶動股市升勢。

參透人民幣行情，低買高賣賺一手

十八大之前，中國努力買全世界；十八大之後，中國希望藉由人民幣邁向國際化，可以成為舉世最強的經濟體。未來人民幣的走向，將成為世界經濟走勢的領頭羊！

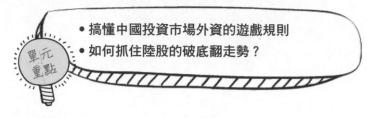

單元重點
- 搞懂中國投資市場外資的遊戲規則
- 如何抓住陸股的破底翻走勢？

觀念速解

習李制

全名為「習李體制」，指中國共產黨中央第五代政治體制，「習」指習近平，「李」指李克強。習近平接替胡錦濤任中華人民共和國主席，李克強接替溫家寶任國務院總理，成為第五代領導集體的領軍核心人物，因此稱為「習李體制」。

觀念速解

儲備貨幣

是指一國政府持有的、可直接用於國際支付的國際通用的貨幣資金。是政府為維持本國貨幣匯率能隨時動用的對外支付，或干預外匯市場的一部分國際清償能力。

資金進出中國，人民幣逐步放寬流通

Q 中國是外匯管制國家，向來對人民幣嚴格控管，未來中國政府的貨幣管制走向，將會是如何呢？

A 原本中國會擔心人民幣「散出去」之後，會被市場操作，但是從 2012 年「習李制」之後，中國開始向世界各國接觸，希望讓人民幣可以成為國際間貨幣清算的主要工具、以及各國外匯存底的 儲備貨幣 之一。

因此，中國先跟白俄羅斯、東協這些經濟體較小的歐亞國家交涉，希望雙邊交易的時候，直接用人民幣貿易往來。

這樣對投資人的好處是，將來持有人民幣就更安心了！因為如果人民幣的流通是小眾，投資人會擔心，萬一人民幣被中國政府強制回收，投資將會血本無歸；但如果各個國家都持有人民幣，持有的人一多，中國政府就無法隨便操控人民幣，投資人的血汗錢才會有保障。

人民幣漸漸成為國際間貨幣清算工具

Q 在人民幣行情看俏的情況下，中國是不是也有自己的外匯戰略？

A 中國擁有超過 3 兆美元的外匯存底，榮登全球最多的外匯存底國寶座，為了加快中國「走出去」的戰略步伐，中國的外匯局還成立專門機構，負責外匯存底運用工作，其中，加快中國企業的海外擴張和收購腳步，便是其中一項！

像中石油、中鋁、中國銀行、中投等大型國有企業，不斷加強對海外的投資，而且是有系統有規模地運作！舉例來說，中投公司利用旗下的中國主權財富基金，在倫敦、俄羅斯、紐西蘭等國家，最近這一年來，大手筆砸下超過 10 億美金，進行投資和併購策略。中國銀行業也是動作頻頻，包括工商銀行、建設銀行、中國銀行等大型銀行，也不斷在海外擴展分支機構，就是要替中國的海外企業提供足夠的金援，以方便中國企業擴大海外布局！除此之外，中國更希望將資金吸引到境內來，

觀念速解

**中國
證監會**

「中國證券監督管理委
員會」簡稱「中國監證
會」或是「證監會」，
它直屬於中國國務院，
負責統一監督管理證券
期貨市場。

觀念速解

RQFII

「人民幣合格境外機構
投資者」，也就是在海
外募集人民幣資金後再
投資大陸股市。目前大
陸只開放香港可申請
RQFII 資格，以利香港人
民幣資金回流大陸。

觀念速解

QFII

「合格境外機構投資
者」，根據中國規定，
境外投資人要投資大陸
股市，必須先取得 QFII
資格，以美元匯入之後，
再轉成人民幣投資。

以擴大人民幣的勢力。

Q 中國不只帶著外匯走出去，是不是也希望將資金引入中國？

A 為了吸引資金進入中國，提高人民幣的流通量，中國證監會為此公開喊話，開放符合人民幣合格境外機構投資者（RQFII），以及合格境外機構投資者（QFII）資格的機構法人，這兩者募得的資金可以投資在大陸債券及股票市場，甚至可以發行公眾或私人基金等投資型產品。

根據中國證監會最新的統計資料顯示，截至 2015年 3 月底，共有 30 家台資金融機構獲得大陸的 QFII（合格境外機構投資者）資格，QFII 投資總額度合計為 66.7億美元（折合人民幣約 408.8 億元）；另外，還有 4 家台資金融機構獲准在大陸設立合資基金管理公司，12 家台資證券公司可在大陸設立 25 個代表處，24 家台資企業在大陸 A 股市場上市。

由於中國的資本市場（包括股票市場和債券市場），發展得還不夠成熟，投資人對中國股票市場的信心也不足，因此很多資金選擇先進入銀行，搶攻存款利息；選擇進入股市或其他資本市場意願者相對較低。再加上目前獲得 QFII 審批的機構投資者，多半來自中國大陸，也難怪中國要開放更多的參與者進入中國資本市場，以擴充股票市場的資金池規模。

重點 依據中國的規定，QDII（合格境內機構投資者）投資未簽署 MOU 國家的金額上限，為基金規模的 3%；有互相簽訂「貨幣清算機制合作備忘錄 MOU」者的上限，則提高至 10%。

Q 中國擴增 QFII 的審批額度，這對台灣投資人有什麼影響嗎？

A 由於台灣金融業獲得中國 QFII 的審批額度不大，再加上目前 RQFII 僅有香港業者符合資格（台灣需等 ECFA 通過），但兩岸貨幣清算啟動後，台灣投資人對人民幣的需求，肯定會掀起投資風潮，因此，中國擴增 QFII 的審批額度，對於台灣的金融業來說，應該是後勢看俏！對於想要投資中國 A 股的投資人來說，也等於是多了一個管道。

　　根據中國證監會最新的資料顯示，證監會將允許台資金融機構以人民幣合格境外機構投資者（RQFII）的方式投資大陸的資本市場，這樣可以讓台資證券公司申請大陸的 QFII 資格更加順遂。此外，證監會還允許符合相關條件的台資金融機構，按照大陸有關的規定，可在大陸設立合資公司、並提高持股比例等等，目的是進一步擴大中國資本市場對臺的開放程度。至於大陸與香港資本市場的合作方面，目前已有 97 家香港機構獲得 RQFII 資格，累計獲批准可投資額度為 2700 億元。截至 2015 年 3 月底的統計資料顯示，滬港通累計成交 5536 億元人民幣，其中滬股通 4724 億元、港股通 812 億元。

　　為了替中國股市加溫，中國已將額度擴大到 2700 億人民幣。因此，從 2012 年 8 月之後，RQFII 的審批速度也更加快速。尤其是 2012 年 12 月，光這一個月的額度，就高達 190 億人民幣，也顯見市場對 RQFII 的投資熱情。這些新政策不只激勵中國 A 股，也讓台灣金融業者受惠，誰都希望可以取得更多的額度，搶攻中國股市這塊大餅！

Q 那麼境外的個別投資人，是否也受惠呢？

A 原本一般境外的個別投資人，必須透過專業投資機構，才能投資中國資本市場。不過，中國研擬「QDII2」機制，這個機制被視為是類似港股直通車的方式，計畫

觀念速解 A 股

只供中國大陸人士、及企業單位或事業單位買賣的股票，非中國大陸人士則不具交易資格，交易 A 股的幣別以人民幣訂價和交割結算。目前部分在中國的台灣人已具備交易 A 股的資格；想知道更詳細內容請見第 82 頁。

觀念速解 QDII2

「大陸境內合格機構投資者」，可以投資大陸以外的海外市場。過去大陸僅允許機構法人可投資海外市場。大陸研議推出 QDII2，開放一般個人也可以投資海外市場，至於投資標的初期仍以香港股市為優先。

是先在香港開放，至於開放的身分條件，應該是具備一定財力與資產的外國人或台商，換句話說，這對時常往來兩岸的台商來說，有機會成為優先受惠的族群；對於 B 股、港股以及人民幣國際化，同時具有推動作用。

想錢進中國之前必知的 4 種投資者身分及條件

中國資本市場雙通管道			
英文縮寫	全名	投資方式	影響
QFII	合格境外投資者	外資持外幣赴中國投資股票	1. 增加外匯 2. 吸引外資投資
RQFII	人民幣合格境外機構投資者	外資持人民幣赴中國投資股票	1. 人民幣回流國
QDII	合格境內機構投資者	法人將人民幣換成外幣，赴港或在海外投資股票	1. 舒解人民幣升值壓力 2. 減緩外匯存底增加的速度
QDII2	合格境內個人投資者	個人以人民幣換成外幣，赴港投資股票	

如何抓住陸股的破底翻走勢？

Q 中國股市在 2011 年與 2012 年，表現欠佳；可是 2014-2015 年又大漲，投資人該如何觀察這樣的局勢？

A 先來看到股市的部分。大陸上海和深圳股市自 2011 年 4 月，上證指數 創下 3067.46 點全年最高點後，從此一落千丈。根據中國媒體估計，2011 年底，A 股的總市值比 2011 年初少了 50837.79 億人民幣，平均每個股民虧了 4.2 萬人民幣。隔年再加上全球經濟不景氣，上證指數 2012 年的跌幅達到 5.67％，只有 7 檔個股股價漲

過一倍。反觀 2010 年，共有 82 檔個股股價翻一倍、15 檔股價漲兩倍，這樣的成績相較之下，2011 和 2012 年股市市值大縮水，表現的確遜色很多！

再來看到基金的部分，不只股市不起眼，基金的績效也是羞於見人！從 2008 年到 2011 年上半年，投資人總共虧損 7101 億人民幣，基金公司的虧損可能超過 4000 億人民幣。這種下跌情況，幾乎可以用「跌跌」不休來形容，不過，也因為如此，投資人更應該要注意跌跌不休之後的破底翻走勢！

Ⓠ 如果股市不振，但是卻仍有些個股出現大漲的走勢，原因是什麼呢？

Ⓐ 以 2012 年股市為例，首先看到「華數傳媒」（股票代號 000156）漲幅高達 339.50％，能全年大漲三倍的表現，的確堪稱飆股。不過，這不是因為它有利多因素加持，而是因為它停牌 6 年後復牌，才會有如此補漲的特殊效果！

華數傳媒前身是「*ST 嘉瑞」，透過重組之後，以華數傳媒的新身分在 2012 年 10 月 20 日於深圳交易所掛牌上市，這檔「最資深的暫停上市股」一出馬，當天漲幅達到 621％。華數傳媒在杭州當地影響力頗大，大部分家庭所使用的有線網路，就是由華數傳媒所擁有，在挾著有政府撐腰、三網融合之下，也難怪華數傳媒的發行股價，本來只有 2 元人民幣，一開盤大漲到 12 元人民幣，漲了 5 倍！因為漲幅過大，因此盤中一度被限制，必須暫停交易，一個小時後再復牌交易，股價依舊狂飆，漲破 14 元人民幣，當天一口氣漲破 6 倍！

至於全年漲幅超過一倍的，包括：「陽光城」

（股票代號000671）、「華夏幸福」（股票代號600340）、「ST寶龍」（股票代號600988）、「羅頓發展」（股票代號600209）、「歐菲光」（股票代號002456）、「山東墨龍」（股票代號002490）。前四檔都是建築或是房地產類股，像「羅頓發展」因為有南海三沙市概念的加持，2012年7月股價漲了170%，12月又有一波漲勢，一星期內連續五天飆出漲停板，在政策力挺之下，「羅頓發展」全年漲幅達107.98%，氣勢銳不可擋！

　　至於「歐菲光」是電子業、以觸控面板為主，2013年初還遭到廈門宸鴻提告，因為宸鴻認為歐菲光等製造、銷售的「華為C8812E」手機的觸控面板，有侵權之嫌，當時股價45.98人民幣的歐菲光，掌聲還沒拍完，卻因為侵權挨告而躍上新聞版面。這幾個個股，大漲的原因不外乎題材和業績，在中國的股民積極追捧之下，因此衝出好成績。

華數傳媒（000156）走勢圖

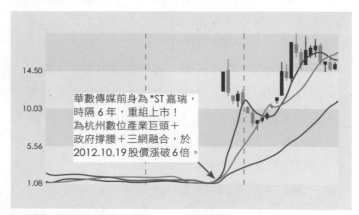

華數傳媒前身為*ST嘉瑞，時隔6年，重組上市！為杭州數位產業巨頭＋政府撐腰＋三網融合，於2012.10.19股價漲破6倍。

14.50
10.03
5.56
1.08

※ 資料來源：鉅亨網

歐菲光（002456）走勢圖

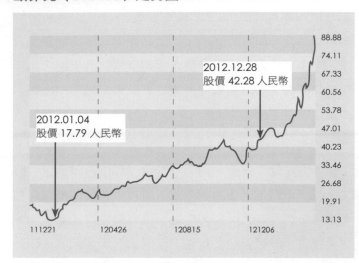

※ 資料來源：鉅亨網

羅頓發展（600209）走勢圖

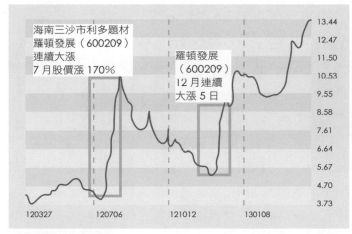

※ 資料來源：鉅亨網

注意 3 大陸股支柱：金融、房產、觀光觸底反彈

Ⓠ 如果想抓住這破底翻的行情，有什麼是投資人可以關注的題材？

Ⓐ 先前中國緊縮貨幣政策，甚至嚴格實施打房政策，

讓以炒作房地產聞名的溫州商人倒地不起，甚至在北京還傳出一整個月的房市零成交量的消息，連房地產股價也受到波及而節節敗退，足以顯見中國政府的鐵腕政策。為了調整國家體質，遏止房地產囂張的氣燄，包含房地產業者、金融機構——連中國股市指數也溜滑梯，中國政府鐵定也是吃了虧。

但是在十八大後，中國為了振興經濟，提振股市，不但強力推動城鎮化，對於貨幣政策和財政政策也放鬆了，甚至不時提出逆回購政策，這對中國股市來說是利多消息，對投資人而言，中國股市有機會從底部反彈。想抓住這一波破底翻的行情，金融股、房地產股、觀光類股這三大類，是投資人可以關注的標的。

重點　金融股、房地產股、觀光類股這 3 大類，是台灣投資人可以關注的標的。

Q　房地產和建築類股的利基點是什麼呢？

A　十八大之後，基礎建設投資加速，尤其「五橫五縱鐵路計畫」啟動，總金額達到 1.5 兆人民幣，包括：城市軌道 70％，公路 20％，港口 4％。至於投資比重：東北佔 14％、華東 19％、華中 4％、華南 21％、西南 4％、西北 20％，由於基礎建設投資力道明顯，再加上市場預期需求增加，鋼鐵和水泥的價格反彈，此外，庫存量下降也是重要指標。整個產業結構，調整方向朝向高階產業升級，將勞力密集的產業轉至中西部，而沿海地區的產業，則是輔導走向高附加價值產業發展。

再來看到房地產的部分，自 2009 年底中國宣布抑制房價過快上漲，在上證權重比重很大的房產類股大跌，使得自 1998 年以來，由房地產類股充當帶動中國經濟及股市的火車頭，轉型為以民生類股為主。但在

中國現階段及未來產業結構調整方向

中西部走向勞力密集產業

沿海走向高附加價值產業

十八大之後，中國對利率放鬆，甚至對於房屋首購者提供優惠利率，等於是對房市釋出善意；而房市銷售回暖的訊息，讓壓抑四年之久的房地產股有機會反彈。

Q 中國的金融類股在 2011 年也是跌很慘，十八大之後有機會起死回生嗎？

A 受到歐債危機的影響，全球股市表現普遍不佳，但是中國金融股對於歐債的 曝險 部位，比其他國家相對較低。因此，中國股市不振的原因並非歐債，而是為了抗通膨兼打房，提高銀行利率，2011 年存款準備率甚至提高到 20.1％，銀行放貸困難，中小企業融資更為艱困，因此 2011 年金融股的跌幅，超過 20％！

　　如同房產股一樣，金融股一樣是大咖的權值股，是中國政府和外資買賣的重要標的，當然也是護盤的指標！由於十八大之後，中國確定轉為較寬鬆的貨幣政策，也連續調降存款準備，未來金融股指數褪黑反彈的力道，指日可待！

觀念謎解

曝險

英文全名為「Risk Exposure」，是指一般的投資都有某種程度的風險。一旦投資了，投資人就曝露在該風險下，稱之為「曝險」。

Q 既然中國未來的投資焦點是內需，再加上固定長假的人潮，觀光類股也是未來看漲的標的嗎？

A 城鎮化使得俗稱「鐵公基」的鐵路、公路等基礎建設的預算經費被提高了；貨幣政策較為寬鬆；再加上政府促進內需市場、還有固定長假的加持下，這四大因素讓有錢有閒的民眾對於「觀光」就相當重視！

先撇開中國各地的名山勝水總是人潮洶湧不說，連嵩山少林寺都已經企業化經營，還打算上市（目前已經在輿論壓力下，被主管機關駁回）；而觀光類的標的，最特別的就是各種基礎建設的收費站！中國靠著13億人口的加持，連收費站都可以成為上市企業，而且還不只一家，目前已經有19家企業，靠著經營收費站成為股票掛牌的上市公司！

根據台灣《經濟日報》的披露，首都機場高速年營收3億人民幣；南京機場高速收費14年來，進帳大約28億人民幣，但當時的建造成本還不到10億人民幣；寧滬高速的收費公路毛利率，在2010年高達73.77％；另外，四川成渝包含其下3間分公司，營業利潤率最低的有53％，最高的70％，合計平均達66％！這樣高的

在中國連收費站也可上市

毛利潤已遠遠超過地產、券商等產業利潤。如果要把全中國違法設定、或到期仍然繼續收費的情況統計出來的話，違規收費的金額，一整年將近 150 億人民幣！姑且不論這合法性，單就營業額及 EPS 來看，收費站雄厚的實力，真的不容小覷！

選擇「低風險」入手，把錢賺回來

Q 如果打算投資中國，有什麼要注意的嗎？

A 若真的想投資中國大陸市場，有 2 點要注意：

注意 1／證券監管部門對於市場有絕對的權利。

中國的資本市場是從上而下建立的，而不是從自由市場交易中誕生的，因為中國官方對於市場、以及市場參與者，有強烈地不信任感。市場設立的初衷，其實只是替國有企業提供一個融資管道，也因此市場運作的成與敗，當然也牽涉到國有企業的盈虧，以及改革的成敗；證券監管部門因而有絕對的權利，去決定哪些企業可以發行證券、可以發行並交易哪些金融商品、以及可以參與市場的身分和條件。股市是如此，當然外匯市場更是如此！要注意的是，由於中國是人治的國家，一切都是政府說了算。

注意 2／選擇有國家「掛保證」的標的物。

無論是股票、債券與基金，都希望能選擇有國家「掛保證」的投資標的物來進行操作會比較保險，像是投資中國債券，最好是挑選國營企業發行的債券，並將它當做資產配置的一環。

Q 對於中國境內的酒類、稀有動物的投資人，有什麼要注意的嗎？

Ⓐ中國因為前兩年塑化劑的風波，到現在，不只是中國境內的奶粉連當地人都不敢飲用，甚至連中國的白酒，也受到牽連！

受到塑化劑影響股價的酒類，包括酒鬼酒、貴州茅台、五糧液、洋河股份、古井貢酒、山西汾酒、瀘州老窖及沱牌捨得……等等，都一度讓民眾擔憂不已，加上中共新任總書記習近平倡導新作風，頒布加強自身作風建設十項規定後，各單位紛紛下了禁酒令，此令一出，高價的茅台、五糧液等白酒銷量和售價都下跌，白酒類股的股價當日應聲全倒，尤其是貴州茅台股價一天內下跌 5.55%，跌幅最大！

還有 53 度飛天茅台原本售價高達人民幣 2000 多元，在禁酒令後，價格跌至 1600 元左右，銷量持續下滑；五糧液的銷售雖然比茅台酒好，但是銷售也是明顯下降。

酒，在中國，到底有多夯？從股價就可以窺知一二！中國 14 家上市的白酒股，2012 年前 3 季合計營業總收入為 807.5 億元人民幣、年增率 43.1%；二、三線白酒股，如沱牌捨得、老白乾酒、山西汾酒的稅後盈餘，成長率也都相當驚人，分別成長 170.26%、98.9% 和 75.73%，年增幅遠高於同業！

雖然酒類個股在這幾年成為中國股市的飆股，不過，值得注意的是，除了酒類、還有陳年普洱茶、西藏獒犬等，這一類在實品的銷售情況中，由於資訊始終不夠透明，因此價差非常大，甚至有很高的機會可以產生暴利，這一類屬於小眾市場的炒作題材，加上人為的惡意操控，投資風險是非常高的，投資人必須要非常小心才是！

資金有限，更要小心投資

投資中國股票、債券與基金，哪種比較好？

第一次投資中國，心理總有些忐忑不安，怕選錯金融產品，讓自己辛苦掙來的錢付諸流水。跟著下面的說明，讓你第一次投資中國就上手！

假設投資人有能力可以挑選股票或是債券，投資人當然可以直接投資這兩種金融商品。但是如果投資人不太會挑股票或是挑債券，還可以選擇基金。

選股票要跟著政策走

股票和股票型基金的投資選取方向比較接近，這一類型的標的物八成得要跟著政策走，所以，十八大之後中國的主軸是內需和基礎消費，比方說像是城鎮化的議題，投資人就必須密切注意！

債券要怎麼挑？

債券是一種我把錢借給你，你給我的一種憑證（或者說是借據），如果你們家的財務報表不透明，我怎麼敢把錢借給你？有些公司的財報「編故事」編到連主管機關都管不動了，最後迫使監管機構要求上市公司停牌或是下市，那投資人可就要賠慘了！

所以，如果投資人要挑選中國的債券，當做資產配置的一環，最好是挑選國營企業發行的債券；但是債券的投資門檻通常都很高，你得要夠有錢，才能借給政府，因為有些公債一單位是上千萬人民幣起跳！如果口袋不夠深的投資人，想賺這筆利息錢的話，也可以選擇債券型基金；當然，投資標的最好也是以國家債券為主就會比較穩當！

房地產投資也不錯！

除了用人民幣投資股票、基金和債券，來賺取資本利得，更積極的投資人，當然還可以投資房地產。

但是很少有人會用足額的現金買房地產，多數人還是得向銀行貸款購屋。雖然中國的房地產，還是這幾年才開始流行的投資商品。不過，在中國買房子，只能買地上物；也就是說，你只擁有房屋的使用權，但無法擁有土地的所有權；而且房屋的擁有使用權還是有期限的！針對這跟台灣不一樣的產權觀念，投資人如果想在中國擁有房地產，恐怕得先三思。

台幣及人民幣貨幣清算後的大利多

3種人民幣理財新方式，你搶搭上了嗎？

繼兩岸簽定 MOU 及貨幣清算機制上路後，以人民幣計價的理財商品也一一解禁開放，新穎且多元化的金融商品選擇，你要選擇哪一種呢？

自從 2013 年啟動兩岸貨幣清算機制後，繼鬆綁匯款金額限制，緊接著寶島債的開賣、直接買賣 A 股、人民幣基金上市等等，都在 2013 年的 3、4 月也陸續開放，讓台灣投資人不必再偷偷摸摸或跨境香港大賺中國 13 億人口的錢，即便在台灣也可以操作囉！

人民幣理財新方式 1 ／寶島債開賣

台灣國內首檔人民幣計價的寶島債券敲定 2013 年 3 月 12 日掛牌，由中國信託銀行拔得頭籌發行，投資人可以用最低人民幣 1 萬元，來參與人民幣計價的債券。

由於人民幣國際債券屬外幣性質，因此納入現行國際債券發行、上櫃及交易制度範疇管理，於櫃買中心掛牌及交易。未來人民幣計價的寶島債上櫃掛牌後，一般投資人可於券商營業處所議價購得。

人民幣理財新方式 2 ／台灣人可以買 A 股

未來台灣人將可以不用再透過人頭戶等方式買賣 A 股了！因為自 2013 年 3 月 9 日中國證監會宣布，並在同年的 4 月 1 日起，凡是住在中國的港澳台居民都可以在券商處開立投資 A 股帳戶。也就是說，過去只能買以美金計價 B 股的港澳台人士，自 4 月 1 日起可以投資以人民幣計價的 A 股。

只要有「三證」，包括台胞證、居民身分證、中國公安機關出具的臨時住宿登記證明表等，就可以光明正大地投資 A 股，成為中國上市公司的股東。

而為因應此一新的措施，中國證監會特別要求各地券商在提供港澳台客戶開戶時，需要特別以書面文件確認——港澳台客戶知曉中國境內證券市場相關法規和風險，以及遊戲規則。

要提醒投資人的是：

1. A股實施「Ｔ＋１日交割」（台股是Ｔ＋２日交割），在買進股票當日是不能賣出。

2. 相較於台股有 7％的漲跌限制，A股則有 10％的漲跌幅限制。

3. 中國股市分為上下午盤交易，中午 11 點 30 分到 1 點是中場的休息時間。

以上這些，都是跟台灣股市比較不一樣的地方，台灣投資人在進場時要特別留意！

人民幣理財新方式 3 ／人民幣計價基金上市

除了可以直接買 A 股，當中國公司的股東之外，如果你想先試試水溫，還可以透過人民幣基金進一步瞭解中國市場。

第一檔人民幣計價的基金是「復華人民幣傘型基金」，從 2013 年 5 月 6 日起展開募集，主要將投資在以人民幣計價的點心債，以及美元計價的高收益債。這檔新基金的發行，一樣會有 2 個月的閉鎖期。根據上海商業銀行的估算，預估年投報率接近定存，約在 3％至 4％；而在投資美元計價高收益債方面，估計殖利率有 7％以上；未來投資人可自行選擇「採每月配息」，或者「淨值持續累積」兩種方式。詳細情形，可參考基金公開說明書。

注意！稅務問題待確認，相關訊息須留意

而針對投信公司可以直接投資大陸買股票、及買債券，要提醒投資人注意稅務相關問題。

過去因兩岸關係條例，民眾或者機構法人（例如投信公司）在大陸地區的所得，被認定為「境內所得」。而在開放直接投資大陸後，如果投信公司發行人民幣計價基金，投資標的一定在大陸，那未來基金的獲利、或是匯出的股利所得，該如何認定所得來源進而課稅？尚待主管機關研擬。

再者，由於 RQFII 的投資主體一般都是屬於海外公司，就必須注意會不會遭大陸認定買了股票，就會有經營該公司的事實，而被認定為常設機構，進而必須繳納 25％的企業所得稅，如此一來，勢必會影響到基金的投資報酬率。因此，投資人可以觀察基金公司是否有避免被認定為常設機構，而被加課 25％企業所得稅的作法。相關稅務的課稅規定，提醒投資人要留意兩岸政策的發展。

第2天

教你看懂中國股市，找對標的物快狠準

開始進入中國股市了，但在這之前還必須上一門「中國股市小學堂」，把中國股市的眉眉角角都摸熟摸透了，包你不怕被股浪淹沒，還能坐上浪頭，享受乘風破浪的股市樂趣及豐厚的投資報酬率！

第 **1** 小時　看懂上證及深證指數，縱橫中國股市

第 **2** 小時　Ａ股和Ｂ股傻傻分不清？

第 **3** 小時　慎選債券、基金，分擔投資中國風險

第 **4** 小時　如何錢進大陸，有去有回？

看懂上證及深證指數，縱橫中國股市

綜觀上海及深圳兩交易所加總起來的交易量，從 2005 年時約為 6 兆 3052 億人民幣，到了 2014 年約為 82 兆 1870 億人民幣，成長超過 13 倍！這個數字怎麼不讓人心動，想要撈一筆呢？

單元重點

- 搞懂投資中國大陸的兩大出入門戶
- 必懂的 3 大中國股市觀察站指數
- 各投資商品的計價方式及投資法則

搞懂投資中國大陸的兩大出入門戶

 中國大陸的證券交易所有哪些？

目前，中國大陸的證券交易所有兩個，分別在上海與深圳。

上海證券交易所：這是大陸最大的證券交易中心，成立於 1990 年 11 月 26 日，同年 12 月 19 日開業，歸屬中國證監會直接管理。其組織架構有會員大會、理事會、總經理室、下設二十個部門及兩個子公司，簡稱「上海交易所」。

深圳證券交易所：這是中國第二家證券交易所，籌建於 1989 年，於 1991 年 7 月經中國人民銀行批准正式營業，它是實行自律管理的法人，也由中國證監會直接管理，其組織架構有會員大會、理事會、理事會祕書處、總經理室、下設十八個部門及五個下屬機構，簡稱「深圳交易所」。

　　而這兩個交易所上市的證券品種有（A 股、B 股）、國債（公債）、企業債券（公司債）、權證、基金等。

觀念速解

權證

權證是一種擁有權利（買的權利、或賣的權利）的憑證。

不過，所有有價證券都必須經過主管機關核可才可以發行；而中國大陸證券市場的主管機關，就是中國證監會。中國證監會是國務院的直屬事業單位，負責研究和擬訂證券期貨市場的方針政策、發展規劃，並且監管股票、可轉換債券、公司債券和國家債券的發行、上市、交易、託管和結算！

Ⓠ 在中國大陸上市的企業需要具備哪些條件，才可以上市呢？

Ⓐ 由於中國的資本市場較晚成立，所以大部分的上市條件，都跟成熟國家的規章制度差不多，會從公司的資本額、成立時間長短、獲利能力、還有股權分散程度等面向規範。大體上，在中國，公司想上市發行股票的基本要求有：

一、股票經國務院證券管理部門批准向社會公開發行。

二、公司股本總額不少於人民幣 5000 萬元。

三、開業時間 3 年以上，最近 3 年連續盈利。

四、持有股票面值達人民幣 1000 元以上的股東人數不少於 1000 人（千人千股），向社會公開發行的股份佔公司股份總數的 25% 以上；股本總額超過 4 億元的，向社會公開發行的比例 15% 以上。

五、公司在最近三年內無重大違法行為，財務會計報告無虛假記載。

Ⓠ 在台灣股市交易，有上市和上櫃的區別，在中國大陸的股市中，也有類似的區分嗎？

Ⓐ 目前在中國大陸的上海與深圳證券交易所掛牌的企業，各有特色：像是在上海交易所的公司，以工業為主，

而深圳交易所的上市公司，多數是地區性公司。不管企業要在哪一間交易所上市，都要先向中國證監會報備核可，再由中國證監會分發。中國規劃的交易市場中，有主板市場（Main-Board Market）、二板市場（Second-board Market）兩大區分。

中國主板及二板市場區分

市場名稱	其他說法	說明	附註
主板市場	集中市場、主板	深圳交易所在2004年新增「中小企業板」（簡稱「中小板」）	・中小板股票代碼開頭 002 ・掛牌多為科技公司 ・中國未來的「納斯達克」
二板市場	創業板	類似台灣的「興櫃市場」	・比主板的上市條件寬鬆 ・為新興公司提供集資途徑

主板市場，就是所謂的「集中市場」，簡稱「主板」。比較特別的是，深圳交易所在 2004 年 5 月 17 日，在主板市場內又多了個「中小企業板」，中小企業板塊是主板市場的組成部分，因是上市公司，所以條件必須符合主板市場的規定，同時還須滿足：運行獨立、監察獨立、代碼獨立、指數獨立。

簡單來說，股票代碼開頭 002 的「中小企業板」，就是專門為中小型公司設置、供其籌資的板塊。在這個板塊內掛牌的，多數是科技公司，普遍具有收入增長快、盈利能力強、股票流動性好，因此也被視為中國未來的「納斯達克（NASDAQ）」，簡稱「中小板」。

二板市場，是指交易所主板市場以外的另一個證券市場，有點類似台灣「興櫃市場」的概念，主要目的是為新興公司提供集資途徑，助其發展和擴展業務，

二板市場與主板市場相比，有以下幾點差別，包括：

公司成立時間，資本規模，中長期業績等的要求，上市條件要求都比較寬鬆。由於在二板市場上市的企業，大多趨向於創業型企業，所以又被稱為「創業板」。

而且以深圳證券交易所的 A 股上市股票總數，等於主板＋中小板＋創業板的總和。

 深圳 A 股上市股票總數＝主板＋中小板＋創業板。

Q 在這兩大交易所中，有哪些可以投資的金融商品？

A 在這兩大交易所中，可以交易的金融商品包括：股票、債券、基金、權證以及 ETF 等五大類。這些金融商品的特色大體上跟台灣的差不多，以下只是概括性地點出比較顯著的差別。

股票：有優先股和普通股兩種，優先股就是特別股，普通股還依照投資者的身分區分為 A 股和 B 股兩大類。

一、優先股：中國大陸的特別股。

二、普通股：又分為 A 股、B 股及 H 股。

1、　A 股：只供中國大陸人士及企業單位買賣的股票，非中國大陸人士則不具資格交易，買賣 A 股以人民幣計價和交割。但 2013 年 4 月 1 日以後，部分港澳台人士也可以投資 A 股了。

2、　B 股：專供外國、香港、澳門、台灣及證監會批准的法人和自然人投資買賣的股票；中國大陸人士也可以投資 B 股。不過，買賣 B 股是以人民幣標明面值，但是以外幣交易。

3、　H 股：在香港交易所上市的中國大陸公司。

債券：在中國大陸發行的債券可分為三大類：

一、國家債券：中國財政部發行的各種債券。

二、金融債券：由各類金融機構發行的債券。

三、公司債券：由企業發行的債券，如公司債、可轉換公司債。

基金：目前中國大陸交易所認可的基金模式有三種，分別為：

一、封閉式基金：採用封閉式運作方式的基金，是指經核准發行的基金，其募集總金額固定不變，基金的受益憑證可以在依法設立的證券交易所交易，但基金受益憑證持有人不得申請贖回的基金。

二、開放式基金：採用開放式運作方式的基金，是指基金募集總金額不固定，基金受益憑證可以在金融機構各通路自由申購或者贖回的基金。

三、交易所交易基金：指的是依法募集成立，募集所得資金，用來投資特定證券指數所對應某一籃子組合證券的開放式基金，其基金受益憑證用一籃子組合證券進行申購、贖回，並在證券交易所上市交易。可以參照下面 ETF 的說明。

權證：權證是一種擁有權利（買的權利、或賣的權利）的憑證，約定持有人在某段期間內，有權利（而非義務）按約定價格向發行人購買或出售標的證券，或以現金結算等方式收取結算差價的一種權利證書。

ETF：簡單來說，ETF 就是一種在證券交易所買賣，提供投資人參與某一種指數表現的基金；ETF 以持有與所欲追蹤指數相同之一籃子股票為主，因為這一籃子股票的市值金額龐大，所以將之分割成眾多單價較低之投資單位，發行受益憑證，以利小額投資人參與投資。例如

台灣投資人熟悉的「台灣 50（台股代號 0050）」就是
一種 ETF，持有 0050，就等於擁有了台灣市值最大的
50 家上市公司投資組合的縮小版。不過，ETF 的中文翻
釋在兩岸三地卻不盡相同：像在台灣翻譯為「指數股票
型基金」、中國大陸則叫「交易所交易基金」、香港稱
為「交易所買賣基金」。

中國兩大交易所中可交易金融商品

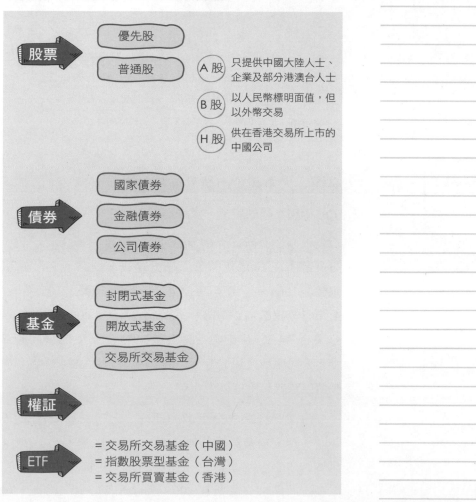

中國兩大交易所各項金融商品總數

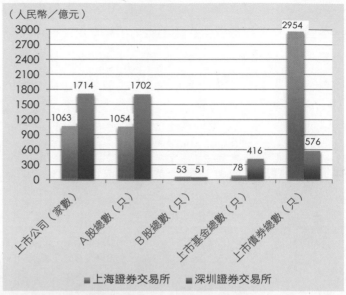

（人民幣／億元）

上市公司（家數）：上海證券交易所 1063，深圳證券交易所 1714
A股總數（只）：上海證券交易所 1054，深圳證券交易所 1702
B股總數（只）：上海證券交易所 53，深圳證券交易所 51
上市基金總數（只）：上海證券交易所 78，深圳證券交易所 416
上市債券總數（只）：上海證券交易所 2954，深圳證券交易所 576

■上海證券交易所　■深圳證券交易所

※ 資料來源：上海交易所、深圳交易所（資料時間：2015.06.19）

必懂 3 大中國股市觀察站指數

Ｑ 中國大陸的股市，這十年有什麼重要的變化嗎？

Ａ 根據上海交易所和深圳交易所提供的資料顯示，上海交易所在 2005 年時，上市公司是 833 家，上市證券總數是 1069 只，到了 2015 年上市公司成長為 1063 家，上市證券總數為 2170 只；深圳交易所在 2005 年時上市公司是 544 家，上市證券總數為 708 只，到了 2015 年時，上市公司總數達到 1714 家，上市證券總數達到 2745 只，數值整整成長兩倍以上！

再來看到總成交金額的部分，上海交易所在 2005 年時，總成交金額約為 4 兆 9776 億人民幣，到了 2014 年的總成交金額達到 37 兆 7162 億人民幣，成長 7.5 倍之多；而深圳交易所在 2005 年的總成交金額約為 1 兆

3276 億人民幣，到了 2014 年約為 44 兆 4708 億人民幣，成長超過 33 倍！

　　股市是一國的經濟櫥窗，中國未來的經濟命脈，從出口增長轉向消費拉升，效果也慢慢顯現出來。綜觀上海及深圳兩交易所加總起來的交易量，從 2005 年時約為 6 兆 3052 億人民幣，到了 2014 年約為 82 兆 1870 億人民幣，成長超過 13 倍！預計到了 2015 年，中國將成為全球第二消費大國，再加上中國也致力於金融改革，以往投資人所擔憂的財務報表不夠透明的部分，勢必也會有所改進。投資人如果想抓住這波趨勢，可要下點功夫鑽研一翻了。

Q 觀察中國大陸的股市，有哪些指數可以參考呢？

A 觀察上海交易所指數的變化，比較重要的是「上證指數」和「上海 30 指數」；觀察深圳交易所指數的變化，則是「深證指數」。

　　上證指數是「上海證券交易所綜合股價指數」的簡稱，取樣方法與深證綜指一樣，只是基期比深證綜指早，時間定在 1990 年 12 月 19 日，基期指數也是定為 100。換句話說，如果現在上證指數為 5000 點，則意味著股價總市值比 1990 年 12 月 19 日上升了 49 倍之多。上證 30 指數如同深證成分指數在深圳市的地位一樣，只不過上海交易所從 A 股抽取了 30 家被認為最具市場代表性的樣本股作為成分股，並將基準量設定為 1996 年 1 月至 3 月的平均流通市值，並且將之定義為 1000 點。上海 30 指數同樣也是因時而異的，成分股沒有終身制。

深滬股市場規模一覽表

時間	2005		2006		2007		2008		2009		2010		2015	
交易所	上海	深圳	上海	深圳	上海	深圳	上海	深圳	上海	深圳	上海	深圳	上海	深圳
上市公司總數	833	544	849	579	860	670	864	740	870	830	894	1169	1071	1731
上市證券總數	1069	708	1126	768	1125	868	1184	964	1351	1165	1500	1590	1249	2836
總成交金額（億元人民幣）	49776	13276	91912	38738	380015	187646	271842	99388	441875	198734	304312	247427	377156	6961
上市股票總數	878	586	886	621	904	712	908	782	914	872	938	1211	1146	1807
A股上市股票總數	827	531	832	566	850	657	854	727	860	818	884	1157	1093	1753
B股上市股票總數	54	55	54	55	54	55	54	55	54	54	54	54	53	54
股票市價總值（億元人民幣）	23096	9334	71612	177791	269839	57302	97252	24114	184655	59284	179007	86415	370300	77700

※ 資料來源：上海交易所、深圳交易所
（深圳A股上市股票總數＝主板＋中小板＋創業板）

而「深圳綜合股票指數」，則是由深圳證券交易所編制的股票指數，以 1991 年 4 月 3 日為基期，簡稱「深證指數」。深圳綜合指數的計算方法與上證指數相同，原本其樣本是所有在深圳證券交易所掛牌上市的股票，加總每一檔股票的總股本。

不過，由於深圳證券所的股票交易不如上海證交所活躍，因此，深圳證券交易所改變股票指數的編制方法，改採用成分股指數，樣本數僅為 40 只股票，並於 1995 年 5 月開始發佈。所以，現在深圳證券交易所同時存在兩個股票指數供投資人參考，一個是老指數「深圳綜合指數」，一個是現在的「成分股指數」。

重點 觀察上海交易所指數的變化，比較重要的是上證指數和上海 30 指數。深圳證券交易所改變股票指數的編制方法，改採用成分股指數。

Q 除了這兩大綜合指數之外，是不是還有其他特定類別的指數可以參考？

A 投資人可以注意「滬深 300 指數」，它主要在追蹤

上海或深圳證交所掛牌交易的 A 股中，最具代表性的前
300 檔股票每日股價的表現。「滬深 300 指數」是依據
流通股本分級，個股權重經過特別計算，樣本覆蓋了滬
深市場六成左右的總市值，因此，也是一個大致上可以
反映 A 股市場整體走勢的指數。

　　深圳指數的計算方式，以原物料為大宗；但是滬深
300 指數則以金融類股比重最大，佔 36.45％，其次為消
費股，佔 18.4％，工業則占整體比重 15.50％，能源材
料佔 10.51％，位居第三及第四。目前權重最大的是招
商銀行，第二名是中國平安保險，緊接在後的是中信證
券、浦發銀行、交通銀行等，其中招商銀行、交通銀行、
民生銀行、浦發銀行，以及興業銀行等，都是為中國大
陸的國營銀行；「滬深 300 指數」的前十大成分股中，
金融類股就佔了七成左右，顯示金融類股對於滬深 300
指數的影響程度。由於「滬深 300 指數」旗下成分股，
大多是 權值股 ，也是各類股中的龍頭，對於金融股有
偏好的投資人，可以觀察「滬深 300 指數」當作投資參
考的依據。

觀念速解

權值股

大致上就是對股票加權
指數影響較大的股票，
也就是「發行股數」及
「股價」在大盤裡佔大
宗的公司。

滬深 300 指數各類股成分佔比表

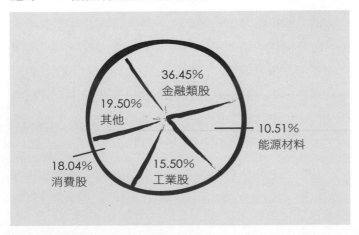

滬深 300 指數中各銀行權重名次表　　（2015.5 月底資料）

第 1 名	中國平安保險
第 2 名	招商銀行（國營）
第 3 名	民生銀行（國營）

重點 ▸ 由於滬深 300 指數旗下成分股，大多是權值股，也是各類股中的龍頭，對於金融股有偏好的投資人，可以觀察滬深 300 指數當作投資參考依據。

各投資商品的計價方式及投資法則

Q 請問什麼是國有股、法人股和社會公眾股？

A 這是以投資主體做為區分，在中國大陸上市公司的股份，可以分為國有股、法人股和社會公眾股。

國有股指有權代表國家主權投資的部門或機構，以國有資產設算成公司股份。由於中國大陸大部分股份制的企業，都是由原有大中型企業改制而來，因此，國有股在公司股權中佔有較大的比重。經由這幾年的改制，多種股權成分，可以並存於同一企業；國家則透過控股的方式，用較少的資金控制更多的資源，鞏固了公有主體的地位。

法人股指的是，企業法人或具有法人資格的事業單位和社會團體，以其依法可經營的資產，設算成公司非上市流通股權的股份。目前，在中國大陸上市公司的股權結構中，法人股平均占 20％左右。而根據法人股認購的物件，又可將法人股進一步分為境內發起法人股、外資法人股和募集法人股三部分。

社會公眾股，是指中國大陸境內個人和機構，所擁有公司可上市流通股權部分。現在上市可供投資者買賣

的股票，都是社會公眾股。公司法規定，單一自然人持股總數，不得超過該公司發行股份的千分之五。

Q 這些金融商品有漲跌幅限制嗎？

A 中國證監會擁有調整證券漲跌幅限制的權利，如果沒有特殊情況，一般來說，股票和基金當日最大漲跌幅為 10%，但如果被列為 ST 股票 和 *ST 股票，股價漲跌幅限制，則縮小為 5%。

跟台灣一樣，有新股上市蜜月期沒有漲跌幅限制的規定；此外，還有以下 4 種情況，在首次交易日沒有漲跌幅限制：

一、首次公開發行上市的股票和封閉式基金。

二、增發上市的股票。

三、暫停上市後恢復上市的股票。

四、交易所認定的其他情況。

Q 股票、基金、權證的交易數量有限制嗎？又如何計價呢？

A 根據投資人交易的標的不同，買賣時的計價和申報方式也會有所不同。

以股票、基金、權證的計價方式：股票為「每股價格」，基金為「每份（在台灣稱為：單位數）基金價格」，權證為「每份（在台灣稱為：張）權證價格」。A 股申報價格最小變動單位（在台灣稱為：檔）為 0.01 元人民幣；基金、權證為 0.001 元人民幣；B 股為 0.001 美元。

申報方式：投資人所買入股票、基金、權證的申報數量，應當為 100 股（份）或其整數倍；賣出股票、基金、權證時，餘額不足 100 股（份）的部分，應當一次性申報賣出。交易單筆申報最大數量不超過 100 萬股（份）。

觀念速解

ST 股

「ST」是英文「Special Treatment」縮寫，意即「特別處理」。該政策針對的對象是出現財務狀況或其他狀況異常的上市公司，並在簡稱前冠以「ST」，因此這類股票稱為「ST 股」，且日漲跌幅限制為 5%。

觀念速解

*ST 股

「*ST」是指由證券交易所對存在股票終止上市風險的公司股票交易實行「警示存在終止上市風險的特別處理」，是在原有「特別處理」基礎上增加的一種類別的特別處理，因此在其股票簡稱前冠以「*ST」字樣，以區別於其他股票，在交易方面，被實施下市風險警示處理的股票。

中國股票、基金及權證計價方式

種類	股票	基金	權證
計價	每股價格	每份基金價格	每份權證價格
申報價格最小變動單位	A股：0.01元人民幣 B股：0.001美元	0.001元人民幣	0.001元人民幣
申報數量	100股（份）或其整數倍		
交易單筆申報最大數量	不超過100萬股（份）		

Q 那債券的交易方式有其他不同嗎？數量有限制嗎？又如何計價呢？

A 債券的計價方式的確與其他有所不同。

計價方式：債券為「每百元面值債券的價格」，債券質押式回購為「每百元資金到期年收益」，債券買斷式回購為「每百元面值債券的到期購回價格」。債券交易和債券買斷式回購交易的價格，最小變動單位為0.01元人民幣；債券質押式回購交易為0.005元。

申報方式：債券交易和債券買斷式回購交易，以人民幣1000元面值債券為1手；債券質押式回購交易，以人民幣1000元標準券為1手。債券交易的申報數量，應當為1手或其整數倍；債券質押式回購交易的申報數量，應當為100手或其整數倍；債券買斷式回購交易的申報數量應當為1000手或其整數倍。債券交易和債券質押式回購交易，單筆申報最大數量應當不超過1萬手，債券買斷式回購交易，單筆申報最大數量應當不超過5萬手。

中國債券計價方式

	債券交易	債券買斷式回購交易	債券質押式回購交易
交易量	人民幣 1000 元面值債券為 1 手	人民幣 1000 元面值債券為 1 手	人民幣 1000 元標準券為 1 手
申報數量	一手或其整數倍	1000 手或其整數倍	100 手或其整數倍
單筆申報最大數量	不超過 1 萬手	不超過 5 萬手	不超過 1 萬手
申報價格最小變動單位	0.01 元人民幣	0.01 元人民幣	0.005 元人民幣

投資危險訊號：ST 股、PT 股碰不得！

Q 投資人該如何注意地雷股呢？

A 當投資人看到股票前出現 ST 或是 PT 兩個字時，就要應該要避開了！上海及深圳交易所會針對財務狀況異常，或其他狀況出現異常的上市公司的股票交易，進行「特別處理」，因此，會在股票名稱前冠上「ST」這兩個英文字母。當投資人看到 ST，就代表這檔股票有問題，因此，這一類的股票被稱為「ST 股」。至於財務或其他狀況出現異常，主要是指兩種情況：一種是上市公司經審計，連續兩個會計年度都是虧損（淨利潤為負值）；另一種是上市公司最近一個會計年度，經審計的每股淨值低於股票面值。

　　當上市公司的股票交易被處以「特別處理」期間，股票交易方式也有所不同：

一、股票報價每日漲跌幅限制縮小為 5%。

二、股票名稱改為原股票名前加「ST」。

觀念速解

PT 股

「特別轉讓」股，Particular Transfer，縮寫為 PT。指的是公司財務、或是其他情況異常地特別嚴重，因此被處以暫停上市，簡稱為 PT 股。

三、上市公司的期中報告必須審計。

　　另外，還有一種是 PT 股，這類股票的問題就更嚴重了。例如：上市公司出現連續三年都虧損等情況，其股票將暫停上市。PT 是英語「Particular Transfer」的縮寫，代表暫停為上市公司股票提供流通管道的「特別轉讓服務」。對於進行這種「特別轉讓」的股票，滬深交易所在其簡稱前冠上「PT」，稱之為「PT 股」。

　　針對這類暫停上市的股票實施「特別轉讓服務」，因此，它與正常股票交易的方式，也有所不同，主要有四點區別：

一、交易時間不同。特別轉讓僅限於在每周五的開市時間內進行，而非逐日持續交易。

二、漲跌幅限制不同。特別轉讓股票申報價不得超過前一次轉讓價格的上下 5%，與 ST 股票的每日漲跌幅相同。

三、撮合方式不同。特別轉讓是指，交易所於收市後，再一次性對該股票當天所有有效申報單，按集合競價方式進行撮合，產生唯一的成交價格，所有符合成交條件的委託單，均按此價格成交。

四、交易性質不同。特別轉讓股票不是上市交易，因此，這類股票不納入指數計算，成交總量也不計入市場統計，其轉讓資訊也不在交易所行情中顯示，只由指定報刊設專欄在次日公告。

Ⓠ 中國大陸股市的交易時間是什麼時候呢？

Ⓐ 每周一到五的上午 9：30 至 11：30，下午 1：00 至 3：00，周六、周日和公眾假期除外。

小心！ST 股及 PT 股千萬不可碰！

Q 股市交易買賣的手續費又怎麼計算？

A 一筆交易的交割期限，是在這筆交易進行後的下一個交易日，例如：在星期三成交，必須在星期四結算，星期四的這日就叫做「T+1」日。滬深股每一筆交易要繳納千分之一的印花稅（台灣沒有課印花稅，但是在賣出股票時，課徵千分之三的證交稅；現在台灣又新增了「證券交易所得稅」）；另外，券商還要收取千分之三的手續費（台灣的券商則是買賣雙方都要收取一筆0.1425％），如果透過網路下單，手續費又會更便宜（台灣也是一樣，透過非人工交易——包括語音下單或者是網路下單，都會打折）。

初入中國股市，怎麼買？怎麼賣？別擔心！

5分鐘搞懂中國股市 交易速成表

看完前面這麼多關於中國股市的專有名詞及解釋，是不是覺得頭昏眼花地難以消化呢？別擔心，這裡就整理老師的筆記，把這些必知的專業知識整理成速成表，讓你馬上掌握中國股市的情況，進出股市不害怕。

項目	說明
交易單位	一、股票、基金、權證：100 股，不超過 100 萬股。賣出餘額不足 100 股者，應一次性申報賣出。申報最大數量應當不超過 100 萬股。 二、債券交易：以人民幣 1000 元面值債券 1 手，申報數量為 1000 手或其整數倍。申報最大數量應當不超過 1 萬手。 三、債券買斷式回購交易：人民幣 1000 元面值債券 1 手，申報數量 1000 手或其整數倍。申報最大數量應當不超過 5 萬手。 四、債券質押式回購交易：人民幣 1000 元標準券 1 手，申報數量 100 手或其整數倍。申報最大數量應當不超過 1 萬手。
交易時間	一、早盤：9:30 至 11:30。午盤：13:00 至 15:00 二、AM9:15 至 9:20 可接受及撤銷申報。 三、AM9:20 至 9:25 可接受申報，但不可撤銷申報。
買賣順序	價格優先、時間優先
股價漲跌單位	一、A 股、債券交易和債券買斷式回購交易：0.01 元人民幣 二、基金、權證交易：0.001 元人民幣 三、B 股：0.001 美元 四、債券質押式回購交易：0.005 元人民幣。
交易方式	一、限價申報：適用於集合競價及逐筆競價。 二、市價委託：適用於連續競價期間，有漲跌限制的證券。 （1）最優五檔即時成交，剩餘撤銷申報。申報在最佳五個價位內，以對手方價格為成交價，逐次成交，剩餘未成交的部分，自動撤銷。 （2）最佳五檔即時成交，剩餘轉限價申報。在對手方即時五個最佳價位，以對手方價格為成交價逐次成交，剩餘未成交部分，依照本方申報最新成交價，轉為限價申報；如果沒有成交，就依照本方最佳報價轉為限價申報；如果不符合本方申報的，該申報撤銷。

股價漲跌幅限制	一、股票、基金：10%。 二、ST 股和 PT 股：5%。 三、首日無價格漲跌限制：首次上市股票、封閉式基金、增發上市股票、暫停上市後恢復上市股票。
首日無價格漲跌限制之交易方式	一、集合競價階段：股票申報不高於前日收盤價 900%，不低於 50%；基金與債券申報價格不高於前日收盤價 150%，不低於 70%。債券回購交易申報，無價格限制。 二、連續競價階段： （1）申報價格不高於即時公告最低賣價 110%，且不低於最高買價 90%，同時不高於上述最高申報、與最低申報平均數 130%，且不低於該平均數 70%。 （2）即時公告中無買入申報價格的，以即時公告的最低賣出價格、最新成交價格中較低者，視為前項最高買入價格。 （3）即時公告中無賣出申報價格的，即時公告的最高賣出價格、最新成交價格中較高者，視為前項最低賣出價格。
盤中臨時停牌（即暫停交易）規則	一、無價格漲跌限制股票：盤中交易價格比當日開盤價，首次漲跌超過 30%；或累計上漲逾 100%、下跌逾 50%者，即暫停交易。 二、權證到期日前兩個月內，市場價格明顯高於理論價格，且前收盤價格在 0.100 元人民幣以上的價外權證，盤中交易較當日開盤價，首次上漲逾 20%，或累計上漲逾 50%，即暫停交易。 三、權證到期日前兩個月內，市場價格明顯高於理論價格，且前收盤價格在 0.100 元人民幣以下（不含 0.100 元）的價外權證，盤中交易較當日開盤價，首次上漲逾 50%，或累計上漲逾 80%者，即暫停交易。
盤中臨時停牌（即暫停交易）時間	一、權證首次盤中臨時停牌持續時間 60 分鐘。 二、其他證券首次盤中臨時停牌持續時間 30 分鐘。 三、首次停牌時間超過收盤時間，在當日收盤前五分鐘復牌。 四、第二次盤中臨時停牌時間持續至當日收盤前五分鐘。
臨時停牌後復牌	復牌時對已接受的申報實施集合競價，集合競價不揭露虛擬開盤參考價格、虛擬成交量及虛擬未成交量。
資訊揭露	一、AM9：15 至 9：25 開盤集合競價期間：揭露虛擬開盤參考價格、虛擬成交量和虛擬未成交量。 二、連續競價期間：揭露成交及最佳五檔買賣價量。

A股和B股
傻傻分不清？

雖然中國大陸股市逐漸開放，但是對於外國的投資者，可以直接投資的股票是有特別規定的，因此有A股和B股的區別，甚至連交易的幣別也不一樣喔！

單元重點

- 搞懂A股、B股的交易方式
- 觀察什麼指數，才能選對股？
- 那些是體質好的國營陸股？

A股、B股、H股不一樣，交易方式大不同

Q 中國大陸的股市有分成A股和B股，這兩者有什麼區別嗎？

A 股票可以說是台灣民眾最普遍的投資工具了；以台灣近千萬的股票開戶數來說，等同於平均每兩人當中，就有一位是參與股市投資的股民。但是如果想要參與中國大陸的股市，恐怕得先搞清楚各種股票的性質。中國大陸的股票分法，如同上個單元介紹的，再來複習一下：分成優先股和普通股兩種，優先股就是特別股，普通股還依照投資者的身分區分為A股和B股兩大類。

　　A股：只供中國大陸人士，及企業單位或事業單位、部分港澳人士買賣的股票，非中國大陸人士則不具交易資格，交易A股的幣別以人民幣訂價和交割結算。

　　B股：專供外國、香港、澳門、台灣等地，以及證監會批准的法人和自然人可交易買賣的股票，中國大陸人士也可以投資B股。不過，買賣B股是以人民幣標明面值，但是以外幣計價交易，上海B股以美金計價，深

圳Ｂ股則是以港幣計價。

Q 有時候也會聽到Ｈ股，Ｈ股又是什麼呢？

A Ｈ是 Hung Kong 的縮寫，Ｈ股指的是在香港交易所上市的中國大陸公司。一般常聽到的「國企Ｈ股」是指中國政府指定在香港掛牌的國營事業，代表公司包括長城科技、上海石油化工、廣東科龍電器、中國石油天然氣、北京大唐發電等。還有一個常聽到的「紅籌股」，是指具有中資直接或間接持股至少35％的香港上市公司。代表性較高的個股包括招商局國際、中國光大國際、上海實業、北京控股、聯想集團、中遠太平洋等。

之前「Ｂ轉Ｈ」的概念，曾經促使Ｂ股轉強帶動股市有一波上漲，最主要的因素就是：質地優良的上市公司因此出線！對於表現優異的上市公司來說，在Ｈ股上市後，因為基本面佳，所掛牌的Ｂ股股價也會跟著上漲，進而拉抬Ａ股股價。比如：部分金融、地產股原先股價相對較低，但在港交所掛牌上市成為Ｈ股之後，因為能見度提高，就會拉抬其原先Ａ股股價，這麼一來，「Ｂ轉Ｈ」就成為中國公司另一個打通境外融資的管道。

Q 那「中概股」又是什麼呢？

A 中概股指的是台灣到中國投資而有獲利的台股，並不是中國大陸的股票。跟買分身不如買本尊的概念一樣，如果有投資管道，與其投資中概股，不如直接前進中國股市買源頭公司的股票，也是很好的投資選項。

Q 中國大陸的股票代碼有什麼意義嗎？

A 中國大陸的股票是用數字做為代碼，和台灣很像。從股票代碼可以瞭解到這檔股票是在哪裡交易？是Ａ股還是Ｂ股？這些都可以從股票代碼知道。例如上海Ａ股

代碼開頭是「600」及「601」，上海 B 股開頭是「9009」。深圳 A 股股票代碼開頭是「000」，B 股開頭是「200」，中小企業板開頭是「002」，創業板開頭是「300」。

　　每一檔股票都自己的行業分類，但是上海交易所和深圳交易所的行業代碼不盡相同。例如：行業代碼 A，代表的行業是農林漁牧業；行業代碼 B，代表的是採掘業，上海和深圳兩交易所都一樣。但如果是紡織業，上海交易所的行業代碼是 C11，在深圳交易所的行業代碼卻是 C1。因此，投資人可要搞清楚自己買的股票是在哪一個交易所交易，代碼又是如何，如此一來，才不會像在台灣之前菜籃族所發生的烏龍事件——買「三商銀」變成買「三商行」的股票一樣。

快速了解中國股票代碼含意

股票種類	股票代碼開頭	股票種類	股票代碼開頭
上海 A 股	600 ╱ 601	深圳 B 股	200
上海 B 股	9009	中小企業板	002
深圳 A 股	000	創業板	300

如何運用上海交易所網站查詢股票及類型

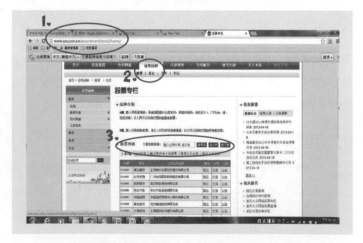

1、進入上海交易所（http://www.sse.com.cn）。

2、點選「證券品種」下的「股票」。

3、在股票列表處即可查詢股票資訊，或直接點選「上市A股」或「上市B股」查詢。

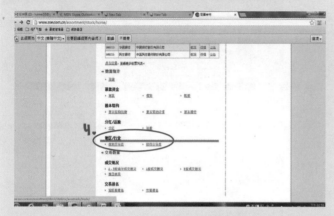

4、或下拉卷軸，也可依地區或行業查詢。

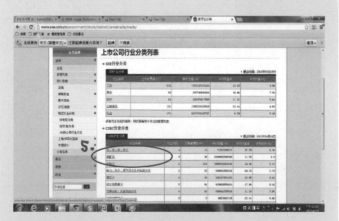

5、如找採礦業，直接點選就可以看到有哪些上市企業的股票是屬於採礦業。

如何運用深圳交易所網站查詢股票及類型

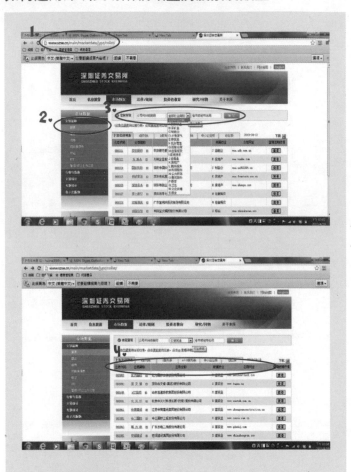

1、進入深圳交易所（http://www.szse.cn/），點進
「市場數據」。

2、點選「交易品種」下的「股票」。

3、可在此直接查股票，或者透過「全部行業別」
的下拉選單查詢，快速又方便，如建築業。

4、也可透過頁籤查詢，如「上市公司列表」、「A
股列表」、「B股列表」、「A＋B股列表」、
「中小企業板」、「創業板」。

到底投資Ａ股好？還是Ｂ股好？

Ⓠ　Ａ股和Ｂ股的市值如何呢？

Ⓐ　上海交易所和深圳交易所各有Ａ股和Ｂ股，可以從官方網站查詢得到。截至 2015 年 7 月，在上海交易所交易的Ａ股有 1093 只，Ｂ股有 53 只；在深圳交易所交易的Ａ股有 1753 只，Ｂ股有 54 只。在 107 家Ｂ股公司中，「Ａ＋Ｂ」公司有 39 家，純Ｂ股上市公司則有 51 家，比較別的是「伊泰Ｂ股（900948）」在 2012 年，也發行Ｈ股，成為第一個「Ｂ＋Ｈ」的上市企業；此外，原本已經是「Ａ＋Ｂ」的「晨鳴紙業（000488）」，也發行Ｈ股，成為全中國第一家「Ａ＋Ｂ＋Ｈ」的上市公司。

　　從流通市值來看，Ａ股公司中市值最高的是「中國石油（601857）」，市值約為 2 兆 1066 億人民幣，第二名是「工商銀行（601398）」，市值約為 1 兆 5610 億人民幣，第三名的「農業銀行（601398）」，市值超過 1 兆 1350 億人民幣；第四名的「中國銀行（601988）」，市值超過 1 兆 327 億人民幣，第五名的「中國石化（600028）」和第六名的「中國人壽（601628）」，市值都超過 6000 億人民幣，這些都是掛牌在上海交易所中！（以 2015 年 7 月 6 日之市值計）

	滬Ａ	滬Ｂ	深Ａ	深Ｂ
股票數	1093	53	1753	54
總股本（億股）	35934	648	5722	823
總市值（萬億元）	36.6	0.43	7.28	0.49
流通股本（億股）	26264	152	4449	124

（資料時間：2015.07.07）

Ⓠ　Ａ股和Ｂ股的股價一樣嗎？

Ⓐ　同時發行Ａ股和Ｂ股的企業，Ａ股和Ｂ股的股價

是不一樣的，B 股相對於 A 股的股價，均有一定程度的 折價，有些甚至高達 3 倍以上。

　　由於 B 股是採用外幣交易，對於中國境內的居民來說，要以外匯交易的能力不高，而且因為外匯管制，套現困難；再加上有匯差的風險，因此中國境內人士參與投資 B 股的意願較低。另外，近年來，中國官方對 QFII 釋出更多的善意，額度不斷地放寬，使得境外投資者更寧可以 QFII 的方式參與投資 A 股。基於以上兩大因素，讓 B 股的交投始終不及 A 股熱絡！

重點 *近年來，中國官方對 QFII 釋出更多的善意，額度不斷地放寬，使得境外投資者更寧可以 QFII 的方式參與投資 A 股。基於以上兩大因素，讓 B 股的交投始終不及 A 股熱絡！*

Q 如果 B 股的交易熱絡程度不及 A 股，會不會隱含著 B 股較少有機會上漲呢？

A 前面我們提到過，B 股的正式名稱是「人民幣特種股票」，是以人民幣標明面值，但是以外幣認購和買賣的股票，在大陸上海和深圳交易所都有股票上市交易；值得注意的是，在上海交易所掛牌的 B 股，是以美元計價，但在深圳交易所掛牌的 B 股，則是以港幣計價。

　　由於 A、B 股的標的相同，但從去（2014）年開始，到今年六月，中國的 A 股漲翻天，但是 B 股的漲幅相較之下，就沒有那麼凌厲，凸顯其價值偏低的優勢；往後若是資金持續充分流轉之下，資金將會尋找具有價值優勢的標的，這時候，B 股的價值就會被凸顯出來了。

　　而且在大陸外匯管理當局一再宣示，今（2015）年起將加快人民幣資本項目可兌換等關鍵改革項目後，未

觀念速解

折價

折價發行又稱低價發行（At Discount），是指以低於面額的價格出售新股，也就是按面額打折後發行股票。折扣的大小主要取決於發行公司的業績和承銷商的能力。假設某股票的面額為 1 元，發行公司與承銷商之間達成的協議，折價率為 5%，也就是該股票的發行價格打 95 折，即為每股 0.95 元。

來將借鑑如新加坡等內、外資股合併的經驗，市場預期 AB 股勢將逐步合併，也將因此引發比價效應，B 股就可望急起直追了。

房地產的龍頭股之一的「新城 B 股（900950）」，熬過黑暗期的它，2014 年的 EPS0.73 元淨資產為 77.29 億元人民幣，都可算是市場的佼佼者。

B 股的股價以及流動性雖然比 A 股低，但對於風險承受度較小的、以及偏好操作中長期的投資人來說，趁著股價較低時撿便宜，也不失為是個投資的好時機。

投資滬深股，要看懂哪些數字才不會吃虧？

Q 在投資中國股市之前，看懂一些重點指標很重要，但是指標百百種，我應該要怎麼觀察呢？又有什麼指標可以參考呢？

A 先前提過中國大陸的股市有兩大交易所，分別為上海交易所和深圳交易所；上海的簡稱是「滬」、深圳簡稱為「深」，因此中國大陸股票也有「滬深股」之稱。

舉例來說，如果要觀察指數的表現，首先投資人必須瞭解自己投資的標的物是哪一檔股票，在哪個交易所掛牌。如果標的物是在上海交易所掛牌，當然就得先關心大盤指數，也就是上證指數（上證綜指），因為上證指數包含的樣本數為 1146 檔股票，等於是全面性的。

接著，投資人可再透過第二種指數，例如：「上證 180 指數」，它是上證 30 指數調整後更名而成，雖然它的樣本數只包含了 180 檔股票，不過每一檔都是各類股的龍頭股，每半年調整一次成分股，也極具參考性！

上證 180 指數的投資標的

浦發銀行 （600000）	武鋼股份 （600005）	包鋼股份 （600010）
華能國際 （600011）	華夏銀行 （600015）	民生銀行 （600016）
上港集團 （600018）	寶鋼股份 （600019）	浙能電力 （600023）
華電國際 （600027）	中國石化 （600028）	南方航空 （600029）
中信證券 （600030）	三一重工 （600031）	招商銀行 （600036）
歌華有線 （600037）	保利地產 （600048）	中國聯通 （600050）
海信電器 （600060）	宇通客車 （600066）	冠城大通 （600067）
葛洲壩 （600068）	人福醫藥 （600079）	同仁堂 （600085）
特變電工 （600089）	同方股份 （600100）	上汽集團 （600104）
亞盛集團 （600108）	國金證券 （600109）	北方稀土 （600111）
中國衛星 （600118）	中國船舶 （600150）	建發股份 （600153）
永泰能源 （600157）	中體產業 （600158）	雅戈爾 （600177）
格力地產 （600185）	複星醫藥 （600196）	新湖中寶 （600208）
南山鋁業 （600219）	海南航空 （600221）	華業資本 （600240）
中恒集團 （600252）	廣匯能源 （600256）	北京城建 （600266）
航太資訊 （600271）	恒瑞醫藥 （600276）	萬華化學 （600309）
上海家化 （600315）	洪都航空 （600316）	營口港 （600317）
華髮股份 （600325）	白雲山 （600332）	華夏幸福 （600340）
浙江龍盛 （600352）	江西銅業 （600362）	西南證券 （600369）
中航電子 （600372）	中文傳媒 （600373）	首開股份 （600376）
金地集團 （600383）	國電南瑞 （600406）	小商品城 （600415）
江淮汽車 （600418）	北方導航 （600435）	信威集團 （600485）
中金黃金 （600489）	鵬欣資源 （600490）	馳宏鋅鍺 （600497）
華麗家族 （600503）	方大炭素 （600516）	康美藥業 （600518）
貴州茅臺 （600519）	天士力 （600535）	山東黃金 （600547）
廈門鎢業 （600549）	恒生電子 （600570）	海油工程 （600583）
海螺水泥 （600585）	用友網路 （600588）	光明乳業 （600597）
浙報傳媒 （600633）	東方明珠 （600637）	新黃浦 （600638）
浦東金橋 （600639）	愛建股份 （600643）	中源協和 （600645）
城投控股 （600649）	福耀玻璃 （600660）	陸家嘴 （600663）
川投能源 （600674）	中華企業 （600675）	青島海爾 （600690）
三安光電 （600703）	中航資本 （600705）	天津港 （600717）
東軟集團 （600718）	遼寧成大 （600739）	華域汽車 （600741）
大連控股 （600747）	上實發展 （600748）	中航重機 （600765）
西藏城投 （600773）	中儲股份 （600787）	國電電力 （600795）
鵬博士 （600804）	安信信託 （600816）	世茂股份 （600823）

百聯股份（600827）	海通證券（600837）	四川長虹（600839）
通化東寶（600867）	梅花生物（600873）	東方電氣（600875）
航太電子（600879）	國投電力（600886）	伊利股份（600887）
中航動力（600893）	張江高科（600895）	長江電力（600900）
東方證券（600958）	九州通（600998）	招商證券（600999）
大秦鐵路（601006）	南京銀行（601009）	寧波港（601018）
中國神華（601088）	中南傳媒（601098）	太平洋（601099）
中國一重（601106）	中國國航（601111）	中國化學（601117）
海南橡膠（601118）	興業銀行（601166）	北京銀行（601169）
中國鐵建（601186）	內蒙君正（601216）	陝西煤業（601225）
農業銀行（601288）	中國平安（601318）	交通銀行（601328）
新華保險（601336）	興業證券（601377）	中國中鐵（601390）
工商銀行（601398）	東吳證券（601555）	北辰實業（601588）
中國鋁業（601600）	中國太保（601601）	上海醫藥（601607）
中國中冶（601618）	中國人壽（601628）	長城汽車（601633）
中國建築（601668）	中國電建（601669）	華泰證券（601688）
潞安環能（601699）	上海電氣（601727）	中國中車（601766）
光大證券（601788）	中國交建（601800）	中海油服（601808）
光大銀行（601818）	中國石油（601857）	中煤能源（601898）
紫金礦業（601899）	方正證券（601901）	中國遠洋（601919）
鳳凰傳媒（601928）	吉視傳媒（601929）	永輝超市（601933）
建設銀行（601939）	金鉬股份（601958）	中國銀行（601988）
中國重工（601989）	大唐發電（601991）	金隅股份（601992）
中信銀行（601998）	人民網（603000）	海天味業（603288）

（資料時間：2015.06.23）

Q 除了上證指數外，還有其他的可以參考嗎？

A 其實上海交易所本身並沒有做分類，但是其他投資公司的資料上會將上海交易所內的股票依其性質及類別，分成好幾大類，包括：「重點指數」、「綜合指數」、「行業指數」、「策略指數」、「風險指數」、「主題指數」等。有點類似台股的「蘋果概念股」、「中概股」等，投資人可先觀察重點指數，再搭配綜合指數和行業指數，來幫助自己了解盤勢。

上海交易所重點指數及樣本表現

根據總市值和成交金額對股票進行綜合排名；按照各行業的自由流通調整市值比例分配樣本指數，在行業內選取綜合排名前的180名公司作為樣本股。

指上海證券交易所綜合股價指數，反映上海證券交易所掛牌股票的統計指數。

指數名稱	收盤	成交額（億元）	平均股本（億股）	靜態市盈率
上證 180	8765.35	3630.87	117.72	14.86
上證 50	2757.95	2120.06	322.87	12.62
上證 380	6299.78	1784.27	11.23	38.28
上證 100	6916.15	478.14	9.54	29.27
上證 150	6527.96	418.65	5.05	97.15
上證綜指	3805.7	7006.68	26.24	18.77
上證國債	149.69	11.15	N/A	N/A
上證基金	6035.25	450.25	N/A	N/A
上證企債	189.06	16.36	N/A	N/A

※ 資料來源：上海交易所（資料時間：2015.07.15）

深圳交易所重點指數及樣本表現

再從成分指數中綜合反映深交所上市 A 股的股價走勢。

再從成分指數中綜合反映深交所上市 B 股的股價走勢。

全名為：深圳證券交易所成分股價指數（簡稱「深證成指」），是深圳證券交易所的主要股指。它是按一定標準選出 40 家有代表性的上市公司作為成分股，用成分股的可流通數作為權數，採用綜合法進行編製而成的股價指標。

指數代碼	指數簡稱	基日	基日指數	起始計算日
399001	深證成份指數	1994-07-20	1000	1995-01-23
399002	成分 A 股指	1994-07-20	1000	1995-01-23
399003	成分 B 股指	1994-07-20	1000	1995-01-23
399004	深證 100 指數	2002-12-31	1000	2003-01-02
399005	中小板指數 P	2005-06-07	1000	2006-01-24
399006	創業板指數 P	2010-05-31	1000	2010-06-01
399007	深證 300 價格	2004-12-31	1000	2009-11-04
399008	中小板 300P	2010-03-19	1000	2010-03-22
399009	深證 200 指數	2004-12-31	1000	2011-09-01
399010	深證 700 指數	2004-12-31	1000	2011-09-01

※ 資料來源：深圳交易所

是由深圳證券交易所編製的股票指數，1991 年 4 月 3 日為基期。該股票指數的計算方法基本與上證指數相同，其樣本為所有在深圳證券交易所掛牌上市的股票，權數為股票的總股本。

價差好？股利好？挑體質好的國營陸股最安全

Q 台灣的股票有除權息，中國大陸的股票也有嗎？

A 也是有的。如同台灣一樣，在公司分紅配股時會進行股權登記（就是台灣的除權、除息日），在登記日第二天之後才買進股票、成為股東，就沒有辦法參與配股或是配息。如果公司發放股利，就寫作「DR**」，代表除息；如果是發放配股，就寫作「XR**」，代表除權；如果是配股又配息，寫作「XD**」，代表除權除息。而這一天就叫做該股的「除權日」或「除息日」（除權除息日）。

Q 那中國大陸的除息參考價如何計算呢？

A 如何計算個股的除息參考價呢？就是把前一天個股的收盤價，減去派息的數量就可以了。除息公式：

除息價＝股息登記日的收盤價－每股所分紅利現金額

　　例如：前一天的收盤價是 3.80 元，分紅數量是每股 5 分錢。所以，除息參考價就是 3.75 元。

　　計算過程為：3.80 － 0.05 ＝ 3.75

Q 那如何計算除權參考價呢？跟台灣一樣嗎？

A 除權公式：

除權價＝（除權前一日收盤價＋配股價 X 配股比率－每股派息）／（1＋配股比率＋送股比率）

例如：某上市公司每 10 股派發現金紅利 1.50 元，同時按 10 配 2 的比例向現有股東配股，配股價格為 6.0 元。若該公司股票在除權除息日之前的收盤價為 11.5 元，則除權（息）報價應為 10.46 元。

計算過程為：

$$[11.5 - 0.150 + 6.0 \times 0.2] / (1 + 0.2) = 10.46$$

而如果除權後的某一天，當收盤價的實際價格比除權價還要高時，這就是「填權」；相反地，如果實際收盤價比除權價低，就是「貼權」。在盤勢很好時，通常容易填權；而當盤勢不好，股價易趨於下跌，當然就容易貼權。所以，在市場行情好的時候，公司若公布即將配股或是配息時，往往會帶動股價上漲；因為這時候，投資人往往會願意買入即將配股分紅、或剛剛除權的股票，等著股價往填權之路邁進，就是這個道理。

除權後，從盤勢好壞推估收盤價與除權價

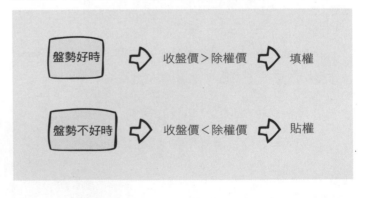

Q 是買配股的好呢？還是買配息的好呢？

A 投資股票能夠賺到什麼錢呢？主要有兩大來源：價差和股利。股利又分為配股或是配息。

　　如果想要賺價差，那麼投資人就得想辦法買低賣高——在股票價格相對低點的時候買進，在股票價格相對高點的時候出脫，從中賺取差價。但問題是，什麼價位叫作相對的低點，又什麼價位叫作相對的高點呢？高低點應該怎麼判斷呢？這恐怕得多花點時間關心盤勢，才有機會找到相對的買賣點，賺取價差。

　　如果沒有時間整天盯著大盤，那麼挑一個好公司的股票持有，年年賺取公司發放的股利，也是個選擇。從 2008 年金融海嘯、接著歐債危機引爆，造成金融市場迭有動盪，「高股息殖利率概念股」便成為保守穩健的投資人，進可攻、退可守的投資標的。

挑個好公司，進可攻、退可守

沒時間盯大盤！！

那就選擇賺好公司的股利吧！

good idea！

　　然而並不是只有今年一年「突然」發放較高的現金股利，就可以被歸類到「高股息殖利率概念股」的；因

為有可能今年你領了較高的現金股息，不過這是去年賺的今年發給你罷了，但是這家公司今年的業績遠不如預期，因此股價大幅走軟，一點點的現金股利，也很難彌補回來。所以，應該挑選出「高股息殖利率概念股」，具有長期投資價值的股票，以時間換取金錢，這樣也讓投資人可以安心賺。

Q 挑選「高股息殖利率概念股」，有什麼要件呢？

A 投資人要注意三大要件：

一、選擇基本面佳的個股。個股的基本面佳、長期平均獲利穩健，遇到不景氣時，公司有較多的現金足以度過景氣寒冬。

二、選股價淨值比偏低的個股。再從這些基本面佳的個股中，進一步地篩選出股價淨值比偏低的個股。此時，因為這些個股的投資價位相對較低，將來會有較高的投資效益。

三、考量大環境因素。例如：大盤在你決定投資時，是在高檔？還是低檔？產業景氣循環是在波峰？還是在谷底？你選定的標的是否為市場重要且當紅的議題？這些都是影響高股息殖利率概念股，後續股價表現的重要因素。

對於偏好長期投資的投資人而言，就算無法在短期間賺取大幅度的價差，但若把投資期間拉長來看，每年都可以穩穩地從公司配發得到豐厚的現金股利，也比惶惶惑惑地追逐強勢股、頻繁地換股操作、增加交易成本，要來得有效率得多。

重點 「高股息殖利率概念股」便成為保守穩健的投資人，進可攻、退可守的投資標的。

Q 對於陸股的投資新手來說，有什麼要注意的地方？

A 其實注意的地方跟投資台股的情況有些類似。主要有四點：

一、觀察漲跌情況：陸股表現漲跌情況的方式有兩種。有時證券公司裡大盤顯示的是絕對數，也就是漲或跌了幾角幾分，一目瞭然。也有的證券公司裡大盤上顯示的是相對數，也就是漲或跌了百分之幾；當你想要知道漲跌的實際數目點數時，就要透過換算。

看懂陸股盤中數字代表意義

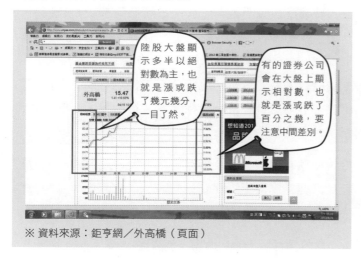

※ 資料來源：鉅亨網／外高橋（頁面）

二、檢視交易量的部分：

1. 「現手」代表電腦中剛剛成交的一筆成交量的大小。如果連續出現大量，代表有較多人在買賣該股，成交活躍，值得投資人持續注意。而如果半天也沒人買，則不大可能成為好股。

2. 「現手累計數」就是「總現手」，也就是台灣股市俗稱的成交量，是相當重要的指標。

3. 總現手數與流通股數的比率，稱為「換手率」（就是台灣說的周轉率），代表持股人中有多少人是當天買進的。換手率高，代表該股買賣的人多，容易上漲。但是如果不是剛上市的新股，卻出現特大換手率，例如換手率超過50％，通常隔天就會下跌，所以最好不要搶高買入。

4. 市盈率，即為台灣俗稱的「本益比」。股票的市盈率（P／E）指每股市價除以每股盈餘（Earnings Per Share，EPS），通常用來評比股票是貴還是便宜的指標。

三、要看配股說明書： 配股是公司增資擴股的一項重大行為，「配股說明書」就是公司打算配股時，向政府有關部門詳盡說明配股事項的法律文件，包含：每股面值、配售發行的股份數量、每股發行價格等，如果發行配股權證，還要清楚記載配股權證的發行數量。有效期限不超過六個月！

四、觀察利潤表： 即「損益表」，反映企業在一個會計期間的經營成果。「利潤分配表」（台灣稱「盈餘分配表」），則是企業利潤分配的情況。要怎麼看這張表呢？

1. 從公司利潤表中，觀察主營業務利潤（本業收入）、利潤總額（包含業外收入）、淨利潤這三項指標，分別與去年、前年同期進行比較，看看數字是成長或是衰退。

2. 再從利潤分配表中的利潤分配資料，瞭解公司本年度可供分配利潤的淨增加額。本年度可供分配利潤的淨增加額除以公司的總股本，可以了解每股分配利潤（EPS）有多少？EPS高低也是投資人選股的主要依據！

5分鐘搞定中國股市規則及用語，馬上外行變內行

輕鬆炒陸股 1／中國大陸的股票種類

一、A股：只供中國大陸人士或企（事）業單位買賣的股票，以人民幣訂價和交割結算；但 2013 年 4 月後，部分港澳台人士也可以買賣 A 股。

二、B股：專供外國、香港、澳門、台灣等地，以及證監會批准的法人和自然人可投資買賣的股票，中國大陸人士也可以投資 B 股。以外幣認購和交易，上海 B 股以美金計價，深圳 B 股則是以港幣計價。

三、H股：是在香港交易所上市的中國大陸公司。

輕鬆炒陸股 2／A 股、B 股的龍頭股是哪些？

類別	A股龍頭股	B股龍頭股
股票名稱	第1名：中國石油（601857），市值約為 1 兆 8086 億人民幣。 第2名：工商銀行（601398），市值約為 1 兆 3399 億人民幣。 第3名：農業銀行（601398），市值超過 1.04 兆人民幣。 第4名：中國銀行（601988），市值超過 9547 億人民幣。 第5名：中國石化（600028），市值超過 6526 億人民幣。	第1名：伊泰 B（900948），市值約為 21.88 億美元。 第2名：陸家 B（900932），市值約為 20.84 億美元。 第3名：振華 B（900947），市值約為 15.01 億美元。

（資料時間：2015.06.19）

輕鬆炒陸股 3 ／ A 股的股價、市值以及交易量都遠超過 B 股的原因

一、 A 股共 2756 檔，B 股僅 104 檔，兩相比較之下，B 股可選擇性低很多。

二、 A 股採用人民幣計價交易，B 股以外幣交易，外幣流通困難，加上匯差風險，使得 B 股交易力道不足。

三、QFII 放寬條件，促使外資更積極投資 A 股。

輕鬆炒陸股 4 ／指數百百種，要看哪一種？

陸股有兩大交易所，各有各的 A 股、B 股以及大盤指數，深圳交易所甚至還有中小板以及創業板，指數分類繁雜，投資新手可要搞清楚自己買的個股是在哪個交易所掛牌交易的，才不會搞不清楚該看哪一個指數！

輕鬆炒陸股 5 ／兩岸股市用語互換一覽表

陸股用語	台股用語	意義
現手	一次的成交量	顯示有多少人在買賣該股。
現手累計數（總現手）	總成交量	顯示個股交易冷熱程度。
換手率	成交次數／週轉率	代表持股人中有多少人是當天買進的。換手率高，代表該股買賣的人多，容易上漲。
市盈率	本益比	評比股票是貴還是便宜。
利潤表	損益表	反映企業在一個會計期間的經營成果。

慎選債券、基金，
分擔投資中國風險

除了股票之外，投資人常聽到的「點心債」、「寶島債」等債券，還有基金和 ETF，都是未來投資中國的熱門金融商品，但你真的了解嗎？這些投資金融商品真的穩賺不賠嗎？

單元重點

- 搞懂信用、利率、匯率風險，挑中國債券不用怕
- 投資中國基金怎麼挑？怎麼看？
- 佈局 A 股，選對 ETF 績效較好

時局不好，選對債券才是資金的避風港

Q 什麼是債券？

A 一般的中小企業如果需要資金，直接想到的就是跟銀行貸款。然而銀行的貸款過程當中，通常會要求這些企業提供擔保品，並且經過一連串的鑑價等作業程序，才能取得一定的款項。而且銀行的貸款利率，則會根據定存利率再加碼貸款給這些企業。

而當股票上市上櫃的大企業，或者政府需要一筆資金因應大規模的投資時，他們除了可以選擇跟銀行 融資 之外，還可以選擇「印股票換鈔票」──現金增資；或者類似寫「借據」借錢般──發行債券，不論是現金增資或是發行債券，這都是向一般大眾募集資金的方式。

只不過，透過發行債券取得資金的過程中，因為沒有銀行從中間多賺一手，資金取得成本較低。因此，當這些有掛牌交易的公司、或者政府有資金需求時，通常就會選擇以發行債券籌集資金；也就是說，這些債券等於是借據，等期限一到，企業或是政府就得償還自己所借的款項。

觀念速解

融資

Financing，投資人預期未來股價會上漲，但手中的資金不夠，於是繳交部分保證金，向授信機構借錢買股票，之後再伺機高價賣出該股票，以賺取買低賣高的差價。

透過債券來集資是企業最常見的募款方式

Q 企業和政府發行的債券，有什麼差別呢？

A 當公共建設需要籌措資金時，政府不會透過銀行借款，因為會增加負擔（因為銀行會從中多賺一手），通常是直接發行債券，向民間借款，這就是「政府債券」（Government Bonds），簡稱「公債」或是「國債」。公債發行的期限大多是 3 年到 15 年，本金償還方式有兩種：到期一次還本與分期還本兩種。

再來看到企業的部分。一般公司發行的債券，則稱作「公司債」（Corporate Bonds）。公司債可分為普通公司債和可轉換公司債，前者發行人只需為股票公開發行公司即可，後者則須為上市或上櫃公司。而「可轉換公司債」（Convertible Bond），它的性質介於股票與債券之間；當股價還沒到轉換價格時，可轉債享有固定的收益；而當發行公司的股價超過債券可轉換價格時，就可以將持有的公司債，依照比例轉換成為這間公司的股票，變成這間公司的股東，這是一種進可攻、退可守的投資工具。

Q 債券上會註明什麼嗎？

A 這些債券，其實和銀行發給的定存單很像，有些公司是採無實體交易，直接登錄在存摺上；這些都是一種債權憑證，在債券上會載明：

一、票面金額：上面記載的，就是借款的金額。

二、票面利率：就是這次的借款，利息應該如何算。通常是以年利率的形式標示出來。

三、還本方式：是到期一次還，還是分期償還。

四、付息方式：利息何時支付？或者說多久付一次利息？是一個月、一季、半年或一年？

五、到期時間：就是要借多久，也稱為「存續期間」。

　　債券和股票都是可以隨時公開買賣的有價證券，不同的是：股票是交易股權，債券卻是交易債權。但是買賣的價格，都會隨著市場行情的變化，每天都不一樣，萬一「買」到比較貴的價格，「賣」到比較便宜的價格時，就產生虧損了。

Q 為什麼當股市行情不好時，債券就水漲船高？兩者是什麼關係呢？

A 其實兩者並無絕對關係，真的要分析只能說是裙帶關係而已。股市與債券之所以呈現反向變動，跟利率或升息無一定關連，而是跟兩者的「投資工具性質」有關。

　　首先要知道債券在購買之前，利率已定，到期就可以獲得固定利息，而不管發行債券的公司經營獲利與否。股票一般在購買之前不定股息率，股息收入隨股份公司的盈利情況變動而變動，盈利多就多得，盈利少就少得，無盈利不得。再加上股票市場是不保本的，因此

投資人很有可能拿不回來原先投資的金錢。所以，站在經濟實質面來看，當股票市場環境欠佳，其實意味著這個市場中背後代表的企業獲利及該國的經濟力道欠佳所導致，而讓投資人產生疑慮，因此先將資金「過度到至少會保本」的債券上，還比較保險，所以才產生了「股市與債市反向變動」的現象。

反之，當一個企業獲利暢旺，投資人預期持續賺大錢，便會將錢轉入股市，而不去購買「享受固定收益」的債券。進而造成債券沒人要，但股票很多人要的局面。

另外，也非所有的債券就一定跟股市產生負關係的局面，其實要看債券的性質，像是高收益的新興市場債及公司債會呈現與股市比較正相關的走勢，而歐美的政府公債則比較近似於負相關。這是因為景氣不好的話，高收益債券的發行公司或國家可能倒閉或財政困難，會有收不回的可能，風險增高也因此價格下跌。而歐美的政府公債雖然利率較低，但基本上可以說是毫無風險，因此只要景氣不好時熱錢會流入避險，價格自然上漲。

景氣循環與股票債券進退場關係圖

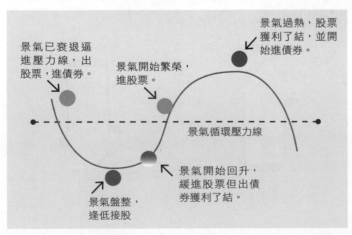

景氣過熱，股票獲利了結，並開始進債券。

景氣已衰退逼進壓力線，出股票，進債券。

景氣開始繁榮，進股票。

景氣循環壓力線

景氣開始回升，緩進股票但出債券獲利了結。

景氣盤整，逢低接股

評估債券 3 大風險：信用、利率、匯率風險

Q 債券價格會受到哪些因素影響呢？

A 借出去的錢收不回來，就是最大的風險！所以，為
了降低被倒帳的風險，投資人就要評估下面幾個要點：

一、信用風險：錢借給了誰？檢視「發行機構」的 信用
評等 等級！因為只要不被倒帳，至少不會血本無歸。

二、匯率風險：現在是匯兌的好時機嗎？所謂的匯率風
險，就是我們將錢借給海外的發行機構，可是收到的本
金跟利息都是以外幣計價，有時帳面上看起來是賺錢
的，結果卻因為某些國家的貨幣相對於台幣是貶值，等
到要換回台幣時，才發現反而侵蝕實質收益。

三、利率風險：市場利率比票面利率高？還是低？利率
的變化，會主導買賣的價格。債券上的票面利率是固定
的，但是市場上的利率，卻會因為央行的貨幣政策而上
上下下。更何況，絕大多數的債券存續期間都很長，因
此，其價格更容易受到利率的起伏而改變。當市場利率
高過債券的票面利率時，債券的價格會下跌，反之，則
會上漲。

市場利率與債券買賣獲利關係

Q 一般投資人可以買中國的公債或是公司債嗎？

A 一般債券的面額都非常大，通常都是以百萬來計算；在台灣，投資公債甚至於要 5000 萬台幣以上；但是台灣現在有發行小額公債，每單位已經在新台幣 10 萬元以下。基本上，財力不夠雄厚的人，很難直接參與債券交易，因為有些公司或政府，只針對法人透過債券募集資金，所以多半都是只有專業投資機構在買賣；因此，一般投資人，要獲得債券的利息收益，最簡便的方式，是透過投資債券型基金，尤其是投資中國，債券型基金也是一項很好的選擇！

重點 投資中國，獲得債券的利息收益，債券型基金也是一項即簡便又很好的選擇！

Q 在中國大陸，所謂的「點心債」和「熊貓債」是什麼呢？

A 「點心債」（Dim-sum Bonds），是一種在中國本土境外發行、以人民幣計價的債券，提供給中國境外人士投資用，從 2007 年開始，在香港發行。當時這類的債券發行量在國際債券市場中，微不足道，像是正餐之外的點心，因此，有「點心債」之稱（也有人說，香港的特色是「點心」，因此稱之為「點心債」）。再者，由於境外投資人無法購買中國境內發行的人民幣債券，如果想投資中國的債券，就只能透過點心債了。因此，在過去幾年，點心債因為發行量少，在粥少僧多的情形之下，往往一發行，就造成超額認購的情形。再加上點心債是以人民幣計價，投資人又普遍有人民幣會升值的預期，更是讓點心債成為炙手可熱的投資工具。

而「熊貓債」（Panda Bonds）和點心債剛好相反，

它是指外國機構或外國政府在中國境內發行的人民幣債券，只供內地民眾認購，但卻是屬於外國債券的一種。為什麼會叫做「熊貓債」？這是國際慣例，每當國外金融機構在某一國發行債券時，會以該國最具代表性的人物或吉祥物命名，例如：IBM 公司在日本發行的債券叫做「武士債」、在西班牙發行的叫「鬥牛士債券」等。

點心債券的發行人，大都具有投資級的信用評等，在目前低利率的環境當中，其收益率也較低，因此，對一般投資人的吸引力會降低。

然而近幾年來，中國企業在海外營運快速擴張，跨國企業也因為中國低廉的工資、人口紅利、以及中國政府積極而優渥的招商政策，紛紛搶進中國市場。加上 2010 年初，香港政府放寬 離岸發行人 管制，投資人對人民幣的持續升值有所期待，也增加了點心債匯兌收益的魅力。因此，總體上來說，點心債是相當受歡迎的。目前的統計資料顯示，已發行未清償的債券金額，已經超過 1000 億元人民幣。

重點 境外投資人可透過香港發行的「點心債」及在台灣發行的「寶島債」，間接進入中國債券市場。

Q 什麼是「寶島債」呢？

A 如同香港發行的「點心債」一樣，台灣也可以在國內核准發行以人民幣計價的國際版債券，不僅企業能在台灣籌募人民幣資金，機構法人也無需再遠赴香港交易、發行債券，這類的債券名稱，仿效香港點心債命名的精神，主管機關將名稱定調為「寶島債」。

2013 年 3 月台灣首檔「寶島債」已發行，目前發行額度為 10 億元人民幣，期限 3 年，票面利率 2.9%，每

觀念速解

離岸發行人

應指非中國境內人民的債券發行人（即國外發行人），透過像香港等離岸市場為跳板，從事直接或間接投資中國的金融活動。

年單利計付息 1 次，登錄於台灣集中保管結算所。投資人只要開立外幣綜合存款帳戶，即可利用集保帳戶，向債券自營商議價投資，最低交易單位為 1 萬元人民幣。

由於「寶島債」是屬於國際債，不必繳交手續費、證交稅、證所稅。不過視發行單位不同，繳納利息所得稅的標準存有差異，若是台灣當地銀行發行，自然人得支付 10％分離課稅的利息所得稅；若是外國銀行發行，則無須支付。

這樣投資陸股最方便！用基金投資中國

Q 目前受限於法令的關係，所以，如果想要投資中國，基金算是最好的方式囉？

A 基金的好處，一來可以小額交易，二來可以分散風險。基金通常分做兩大類，有股票型基金和債券型基金。

台灣的債券型基金都不是真正的在買賣債券，偏向貨幣型基金，跟定存的收益差不多。但是國外的債券型基金就不一樣了，基金淨值有漲有跌，只是波動比起股票型基金小得多，當然報酬率相較之下，也比股票或股票型基金小，但其報酬率通常會比定存的收益高一點。

根據投信投顧公會的資料顯示，截至 2015 年 5 月底為止，台灣的金管會共核准 44 家代理人、80 家境外機構 1018 檔境外基金，國內投資人持有金額逾 2 兆 487 億元台幣。

如果依照基金類型來看，台灣的投資人傾向投資股票型基金，投資金額達到 2 兆 1427 億台幣；固定收益型，也就是債券型基金，包含：一般債、高收益債和新興市場債；其中的高收益債投資金額達到 1877 億台幣。如果依照投資區域來觀察，美國、亞太區（不含日本）、

在台灣交易的所有基金類型及金額

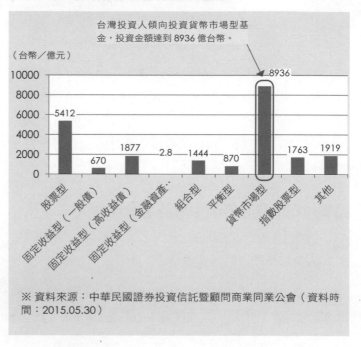

台灣投資人傾向投資貨幣市場型基金，投資金額達到 8936 億台幣。

（台幣／億元）

※ 資料來源：中華民國證券投資信託暨顧問商業同業公會（資料時間：2015.05.30）

台灣投資在全球型基金的各類金額佔比

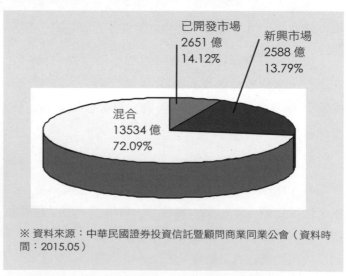

已開發市場
2651 億
14.12%

新興市場
2588 億
13.79%

混合
13534 億
72.09%

※ 資料來源：中華民國證券投資信託暨顧問商業同業公會（資料時間：2015.05）

台灣地區依單一國家投資之基金金額及佔比

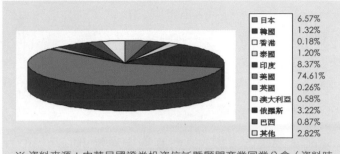

日本	6.57%
韓國	1.32%
香港	0.18%
泰國	1.20%
印度	8.37%
美國	74.61%
英國	0.26%
澳大利亞	0.58%
俄羅斯	3.22%
巴西	0.87%
其他	2.82%

※ 資料來源：中華民國證券投資信託暨顧問商業同業公會（資料時間：2015.05）

台灣投資在全球區域基金的金額及排名

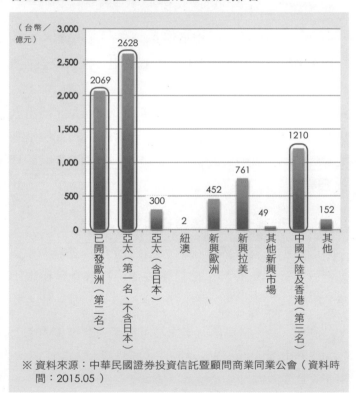

（台幣／億元）

- 已開發歐洲（第二名）：2069
- 亞太（第一名、不含日本）：2628
- 亞太（含日本）：300
- 紐澳：2
- 新興歐洲：452
- 新興拉美：761
- 其他新興市場：49
- 中國大陸及香港（第三名）：1210
- 其他：152

※ 資料來源：中華民國證券投資信託暨顧問商業同業公會（資料時間：2015.05 ）

亞太、歐洲、中國大陸及香港、新興拉美分別佔據投資第一名至第四名，顯見國人對於中國大陸及香港的基金，有不小的投資熱情。

Q 透過股票型基金，就可以投資中國的A股囉？

A 一般來說，在上海和深圳證交所買賣的A股，只供中國居民投資。目前，只有中國本地投資者、合格境外機構投資者（QFII），以及部分港澳台人士，能夠直接投資A股。但是，在中國註冊但於香港交易所買賣的H股，則可供海外投資者投資。

而如果國內投資人也想參與人民幣可能升值的行情，也可以選擇以人民幣計價的基金。在台灣，人民幣計價基金的發行，主要有兩個管道，一種是新基金，另一種是從舊基金中申請多幣別追加人民幣。

目前在台灣的資產管理公司有發行人民幣基金的，包括宏利投信、元大寶來投信、滙豐中華投信、惠理康和投信、施羅德投信，以及永豐投信等；如果再加上外資和香港發行的中國相關基金，則是多不可數。隨著人民幣業務開放，預期未來這些在台灣發行的人民幣基金，可能改成部分或全部人民幣計價，提供更多樣的投資選擇。

投資債券型基金等同於投資中國的債券

Q 即然不能直接購買中國大陸的債券，透過債券型基金就可以嗎？而且，投資這些債券型基金是穩賺不賠的嗎？

A 的確，在「寶島債」還未發行前，若想投資中國大陸的債券市場，除非到香港開戶才能購買「點心債」外，退而求其次的辦法，就是透過債券型基金。

不過，要注意的是，一般債券到期一定會有獲利，但是投資債券型基金卻沒有保證獲利這件事！

在台灣能參與投資中國的股票型基金一覽表

基金名稱	幣別	基金名稱	幣別
瑞銀（盧森堡）中國精選股票基金	美元	聯博 - 中國時機基金 C 股 - EUR	歐元
荷寶資本成長基金 - 荷寶中國股票 D	歐元	瀚亞投資 - 中國股票基金 A	美元
匯豐環球投資基金 - 中國股票 AD	新台幣	富達基金 - 中國聚焦基金	歐元
聯博 - 中國時機基金 A 股	新台幣	富達基金 - 中國聚焦基金 (Y 類股份累	
鋒裕基金 - 中國股票 A2	新台幣	計股份 - 美元)	美元
鋒裕基金 - 中國股票 I2	歐元	貝萊德中國基金 A2	新台幣
愛德蒙得洛希爾中國基金 (A)	新台幣	貝萊德中國基金 C2	美元
景順中國基金 A- 年配息股	美元	荷寶資本成長基金 - 荷寶中國股票 D	美元
景順中國基金 C- 年配息股	美元	木星中國基金 (ACC)	美元
霸菱香港中國基金 -A 類 美元配息型	美元	新光中國成長基金	新台幣
霸菱香港中國基金 -A 類 歐元配息型	歐元	野村中國機會基金	新台幣
摩根中國基金	新台幣	德盛安聯中國策略增長基金	新台幣
鋒裕基金 - 中國股票 A2	歐元	GAM Star 中華股票基金 -A	美元
歐義銳榮中國股票基金 R	新台幣	愛德蒙得洛希爾中國基金 (B)	新台幣
富達基金 - 中國聚焦基金	美元	恒生 H 股指數股票型基金	新台幣
聯博 - 中國時機基金 B 股	新台幣	霸菱香港中國基金 -A 類 英鎊配息型	英鎊
聯博 - 中國時機基金 I 股	新台幣	聯博 - 中國時機基金 S1 股	
鋒裕基金 - 中國股票 B2	新台幣	首域環球傘型基金 - 首域中國核心基	
聯博 - 中國時機基金 I 股	歐元	金 - 第四類股	美元
聯博 - 中國時機基金 B 股	歐元	聯博 - 中國時機基金 S1 股	歐元
聯博 - 中國時機基金 A 股	歐元	群益華夏盛世基金	新台幣
景順中國基金 B- 年配息股	美元	愛德蒙得洛希爾中國基金 (T)	新台幣
匯豐環球投資基金 - 中國股票 IC	新台幣	歐義銳榮中國股票基金 R2	新台幣
施羅德環球基金系列 - 中國優勢 C 類 股份 - 累積單位	新台幣	國泰中國內需增長基金台幣級別	新台幣
		瀚亞中國基金	新台幣
施羅德環球基金系列 - 中國優勢 A1 類 股份 - 累積單位	新台幣	貝萊德中國基金 A2	港幣
		國泰中國新興戰略基金	新台幣
匯豐環球投資基金 - 中國股票 ID	新台幣	聯博 - 中國時機基金 AD 月配級別美元	美元
鋒裕基金 - 中國股票 I2	新台幣	聯博 - 中國時機基金 BD 月配級別美元	美元
聯博 - 中國時機基金 S 級別	美元	群益中國新機會基金	新台幣
木星中國基金 (ACC)	新台幣	群益中國新機會基金	美元
恒生 H 股指數股票型基金	新台幣	國泰中國內需增長基金	美元
德意志中國股票 LC	新台幣	瀚亞投資 - 中國股票基金 Admc1 (美元穩定月配)	美元
德意志中國股票 FC	新台幣		
德意志中國股票 USD LC	新台幣	統一大龍騰中國基金	新台幣
德意志中國股票 USD FC	新台幣	保德信中國中小基金	新台幣
德盛中國基金—A 配息類股	美元	國泰中國內需增長基金美元 I 級別	美元
聯博 - 中國時機基金 C 股	新台幣	瑞銀（盧森堡）中國精選股票基金 (美元)(月配息)	美元
瑞萬通博基金 - 中國星股票基金 ACC	新台幣		
富邦大中華成長基金	新台幣	鋒裕基金 - 中國股票 U2	新台幣
GAM Star 中華股票基金累積單位	美元	鋒裕基金 - 中國股票 T2	新台幣

※ 資料來源：中華民國證券投資信託暨顧問商業同業公會／鉅亨網（資料時間：2015.07.15）

因為債券型基金沒有所謂「到期」這件事，所以並不適用到期會獲利的說法。債券型基金買的是各種期別、各種不同公司或政府所發行的債券，只要債券型基金經理人不要短線操作債券，那麼投資人持有債券型基金跟持有債券其實是相同的。

由於中國目前正從出口及固定資產投資導向，轉變為以內需為主的經濟體，金融市場也正經歷轉型，公司及地方政府也逐漸減少對股票融資的依賴，轉趨於以固定收益、發行債券的方式籌資；因此，中國境內債券市場的規模，目前已達 3.5 兆美元，在總市場規模約 5.8 兆美元的亞太地區（日本除外）債券市場之中，中國佔了相當大的比例。

Ⓠ 現今市場上，關於債券型基金有哪幾種分別？

Ⓐ 債券型基金有很多種分類方式，最主要的，是要區分這檔債券型基金是買賣投資等級或垃圾債券，以及投資地區等。依照績效及風險不同，基本上分成下列幾種：

一、全球型或區域型。

二、已開發國家或新興國家。

三、投資等級債券或垃圾等級債券。

一般來說，全球型會比區域型債券基金要來得穩定；而投資在新興國家的債券報酬率，通常會比已開發國家來得好，但是波動程度當然會比較大。

特別要注意的是，現在坊間常聽到的「高收益債券」，通常都是投資在「垃圾債券」；「垃圾債券」的意思，是發行機構信用等級低於 **BB ／ BA**。雖然「高收益債券基金」的收益較高，但因為其所買進的公司債券信用評等不好，就比較有可能買到地雷債，所擔負的

觀念速解

信用等級
BB ／ BA

國際上將被徵信者的信用等級分為四等十級制，分別為 AAA 級：信用較好、AA 級：信用優良、A 級：信用較好、BBB 級：信用一般、BB 級：信用欠佳、B 級：信用較差、CCC 級：信用很差、CC 級：信用極差、C 級：沒有信用、D 級：沒有信用且瀕臨破產等。因此 BB ／ BA 級介在信用欠佳至信用較差，要小心！

風險就較高，所以投資人必須要考慮清楚，自己是在乎多一點的收益，還是比較關心本金在不在的問題！這些相關的資訊，在債券型基金的公開說明書上，都會敘述得很詳細。

目前台灣市場投資人民幣債券基金一覽表

基金名稱	報酬率（原幣別）				
	一個月	三個月	六個月	一年	自今年以來
宏利中國離岸債券基金 -A 類型	1.21	1.29	-0.57	2.91	-0.22
宏利中國離岸債券基金 -B 類型	1.25	1.17	-0.27	3.31	0.13
宏利東方明珠短期收益基金	0.95	2.51	0.58	3	1.66
宏利中國離岸債券基金 -A 類型	0.81	1.2	0.41	1.14	0.66
宏利中國離岸債券基金 -B 類型	0.93	1.23	0.48	1.28	0.7
宏利東方明珠短期收益基金	0.97	2.07	1.78	2.76	1.91
富邦中國債券傘型之富邦中國優質債券基金 -A 類型	1.17	2.3	2.17	3.79	2.21
富邦中國債券傘型之富邦中國優質債券基金 -B 類型	1.17	2.49	2.35	3.97	2.39
國泰中國傘型基金之中國新興債券基金台幣級別	0.32	-0.19	0.21	7.05	0.54
富邦中國債券傘型之富邦中國優質債券基金 -A 類型	1.26	3.57	1.49	4.54	2.44
富邦中國債券傘型之富邦中國優質債券基金 -B 類型	1.26	3.58	1.49	4.55	2.45
施羅德中國債券基金 - 累積型	0.73	2.05	2.32	3.74	2.74
施羅德中國債券基金 - 分配型	0.73	2.06	2.31	3.76	2.75
施羅德中國債券基金 - 累積型	0.76	3.11	1.56	4.4	3.07
施羅德中國債券基金 - 分配型	0.76	3.11	1.56	4.4	3.07
景順人民幣新興亞太入息基金月配型	1.29	1.09	-3.42	1.92	-2.72
景順人民幣新興亞太入息基金月配型	0.79	1.94	-2.22	-1.45	-0.31
景順人民幣新興亞太入息基金月配型	0.89	3.17	-2.89	-0.78	-0.05
景順人民幣新興亞太入息基金累積型	1.29	1.09	-3.42	1.93	-2.72
景順人民幣新興亞太入息基金累積型	0.79	1.94	-2.24	-1.46	-0.32
景順人民幣新興亞太入息基金累積型	0.93	3.21	-2.74	-0.68	0.1
復華新興人民幣短期收益基金	1.07	2.46	0.87	4.61	1.76

※ 報酬率以基金原始計價幣別計算一年以上期間為累積報酬率
※ 資料來源：中華民國證券投資信託暨顧問商業同業公會（資料時間：2015.07.15）

Q 如果要投資中國大陸的債券型基金，該怎麼挑？

A 最主要的考量點，當然是發行者的債信評等，因此建議：

一、**選擇政府公債較佳**：通常債券型基金就是買公債或是公司債，只是比重不同！比較敢衝的經理人，假設買一成公債、九成公司債；保守型的經理人，就會配置四成公債、六成公司債。相較之下，可能前者會賺得比較多，但是他所承受的風險也會比較大！因此，如果投資人著眼於中國的債券，最好是挑選國營企業發行的債券，或者是挑選投資在中國公債比重較高的債券型基金，這樣比較穩當。

二、**從公開說明書檢視投資標的**：很多基金名稱會冠上「中國」、「大中華」；或者以大中華為名，但其實卻是投資在台灣的債券型基金。這些基金雖然打著大中華的名號，但卻將大部分的資金投資在亞太地區，甚至於全球市場的，有些甚至只有投資台灣而已，檢視投資中國的比重卻是少之又少。然而，也有投資中、港、台比重超過 70% 的基金，其名稱卻不一定有「中國」、「大中華」等字眼。像前面這種濫竽充數、魚目混珠的作法，投資人也得睜大眼睛瞧仔細，以免買到山寨版的基金。

陸股基金一籮筐，直接投資 A 股的 ETF 績效較好

Q 如果不懂股票也不太懂債券，該怎麼辦呢？

A 投資人還可以選擇 ETF，也就是「交易所股票型基金」（Exchange-Traded Fund，以下簡稱「ETF」）。和一般基金不同的是，這一類的基金以追蹤特定指數為標的，並複製出相同資產配置模式的投資組合。換句話說，

投資人如果無法確定自己該投資股票型基金或是債券型基金，那麼選擇 ETF，等於花一筆小錢買一籃子的股票或是債券，只要關心大盤指數，不用太在意個股表現，這樣的投資方式很適合懶人一族或是投資新手。

　　投資中國 A 股的 ETF，可以選擇名字有「A50ETF」或是「滬深 300ETF」的基金，如南方富時中國 A50ETF（港交所代碼 2822）。選擇 A50ETF 的好處，是可以一次投資中國 A 股中的前 50 大個股，這 50 大個股的市值就佔總市值的五成以上；而「滬深 300ETF」的樣本，則是來自掛牌在上海和深圳兩證交所的前 300 大市值的 A 股所組成。

在台灣發行Ａ股ＥＴＦ一覽表

ETF 股票代號	ETF 名稱	標的指數
0061	寶滬深	滬深 300 指數
006205	FB 上證	上證 180
006206	元上證	上證 50 指數
006207	FH 滬深	滬深 300 指數
00633L	上證 2X	上證 180 兩倍槓桿指數
00634R	上證反	上證 180 反向指數
008201	上證 50	上證 50 指數
0080	恒中國	恒生 H 股指數
0081	恒香港	恒生指數
00636	CFA50	富時中國 A50 指數
00637L	滬深 2X	滬深 300 日報酬正向兩倍指數
00638R	滬深反	滬深 300 日報酬反向一倍指數
00639	深 100	深證 100 指數

※ 資料來源：台灣證券交易所（資料時間：2015.06.22）

　　由於目前法規規定，投資中國 A、B 股的投資總額，

不得逾基金總資產的 10%，因此，有些基金為了避免違反規定，基金經理人會因而進出交易頻繁，如此一來，恐怕將增加交易成本，而拖累淨值的表現。於是透過「A50ETF」或是「滬深 300ETF」布局 A 股，有時候反倒會更有效率！

此外，由於「A50ETF」或是「滬深 300ETF」追蹤的是在 A 股掛牌市值最大的前 50 檔個股，或是前 300 大個股，這些個股多數都是國有企業或是附屬企業，體質相對較好，也有追漲抗跌的特性。

至於投資管道，原本投資人透過複委託平台，買進在香港掛牌的人民幣計價 ETF，必須以港幣匯到香港，再換成人民幣，在人民幣存款業務開放之後，就可以直接用新台幣換成人民幣，省下匯差及匯款手續費。

Q 連結中國的基金和 ETF 有好幾種，投資人應該如何進行資產配置呢？

A 投資人如果打算布局 A 股，可以透過 ETF 或 CEF（封閉型基金）當成是基本部位。由於中國市場較特殊，連基金的分類，也是自成一格。而其中連結中國的 ETF 也有好幾種，一般來說，以直接或間接進場買 A 股作為分類。

直接進場者，我們可以看到以下這幾檔，較為知名：以人民幣計價的「華夏滬深三百（港交所代碼 3188）」、「南方 A50（港交所代碼 2822）」、「FB 上證 180（臺灣交易所代碼 006205）」、「元大上證 50（臺灣交易所代碼 006206）」、「復華 FH 滬深 300（臺灣交易所代碼 006207）」等，在香港交易所稱之為「實物資產」的 ETF。

観念速解

CEF

封閉型基金，英文全名為 Close-End Funds，是指基金發起人在設立基金時，限定了基金單位的發行總額，當籌足了總額後，基金即宣告成立，並進行封閉，在一定時期內不再接受新的投資。

查詢在台灣發行的 ETF 有無投資中國 A 股的方法

1、進入「臺灣證券交易所」（http://www.twse.com.
tw/）。

2、在首頁就可以點選「產品與服務」下的「上市
證券種類」。

3、選擇「ETF」。

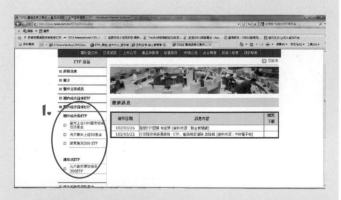

1、點選「國外成分證券 ETF」，裡面就有四支合
格的投資中國 A 股的 ETF。

2、點選「境外指數股票型基金」下的「標智上證
50 ETF」也是投資中國 A 股的 ETF。

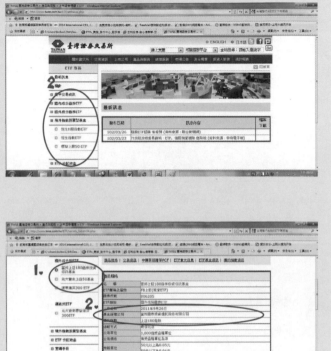

1、點選「國外成分證券 ETF」下的「富邦上證 180
　證券投資信託基金」，就會看到這支 ETF 的詳
　細資料。

2、在「標的指數」可以看到這支 ETF 是否投資中
　國Ａ股。

觀念速解

ELN

英文為「Equity Linked
Notes」，是一種金融
衍生工具，其獲利是要
視某單一股票、股票指
數或股票組合的表現而
定，但伴隨高潛在利率
回報率，相對風險也高。

　　間接投資者，主要是透過發行票據相關產品方式
連結（類似 ELN ），如「寶滬深（臺灣交易所代碼
0061）」、「Ｘ標智滬深三百（港交所代碼 2827）」，
也就是香港交易所的「合成 ETF」，在台灣則稱之為「連
結式 ETF」。

分成直接、跟間接主要是要強調其間風險的差異；特別是間接投資，存在更多人為跟市場間的風險及缺陷；而台灣的「寶滬深 0061」，更屬於間接中的間接，缺陷更大。

Q 購買這些連結中國的基金和 ETF 會有哪些風險及缺陷呢？

A 我們用同樣都是聯結中國 A 股的 ETF，來解釋其間差異。

首先，先來解釋一下，什麼叫做「間接」的方式連結 A 股。舉例而言，「X 標智滬深三百（港交所代碼 2827）」就是用「間接」的方式連結 A 股。（而台灣的「寶滬深（臺灣交易所代碼 0061）」則是用共同基金約 99％的資金，去聯結「X 標智滬深三百（港交所代碼 2827）」）因為「X 標智滬深三百（港交所代碼 2827）」是透過連結德意志銀行的 票據連結產品 來追蹤 A 股市場。

這種間接再間接的 ETF，其實是一檔 ETN（Exchanged Traded Note）。它的績效表現，雖然與 A 股有關，但其中一個很重要的變數是，因為連接商品的發行金融機構是德意志銀行，萬一德意志銀行發生信用風險（白話一點講，就是倒閉了），無力償還這些發行票據的話，那麼「X 標智滬深三百（港交所代碼 2827）」，甚至「寶滬深（台灣交易所代碼 0061）」的投資人，都將血本無歸——殷鑑不遠，這可從 2008 年的雷曼兄弟連動債事件，可推知一二！

當然這血淋淋的教訓，也讓投資人心生警惕，要求相關的金融機構得提出解決方案。目前初步的解決方法

觀念速解

票據連結產品

Structured Notes，就是一種結構式票券，之前在台灣通稱為「連動債」，就是指類似這種商品。

觀念速解

ETN

Exchange-Traded Note，即交易所債券，是近年來新興的一種投資工具。這是一種無擔保的債券，由發行機構承諾在債券期滿向投資者按一定金額向持有人償付，償付金額與特定的資產類別或指數表現掛鉤，但不保本。

是發行機構德意志銀行，已經提列足額的擔保品，抵押在保管銀行那裡，降低可能的信用風險衝擊。可是也衍生出另一個問題：那就是德意志銀行額外提供的這些足額的擔保品，代表德意志銀行的架構成本上升，追蹤指數的誤差也跟著提高。

從 彭博資訊 的 DES 頁面，可以很清楚地看到，「X標智舉例而言滬深三百（港交所代碼 2827）」淨值的追蹤誤差為 1.43％（2013 年 1 月 2 之資料），但若單看買賣價格的追蹤誤差則更大，高達 9.3％！這代表什麼？代表著 ETF 原本可以與標的指數亦步亦趨的最大特色，竟然出現了高達一成的誤差了！而如果有這麼大的追蹤誤差，可能會失去買 ETF 的原始意義了。若在香港交易市場交易的話，「華夏滬深三百（港交所代碼 3188）」可能會是較好的選項，因為它的追蹤誤差是較小的。

「間接型」與直接投資 A 股市場的 ETF 風險比較

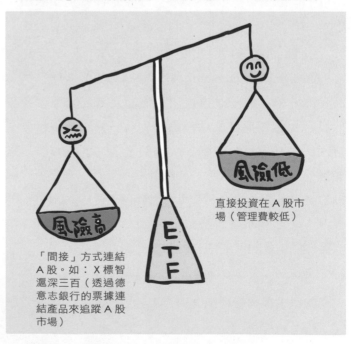

直接投資在 A 股市場（管理費較低）

「間接」方式連結A 股。如：X 標智滬深三百（透過德意志銀行的票據連結產品來追蹤 A 股市場）

觀念速解

彭博資訊

是目前全球最大的付費財經資訊平台（http://www.bloomberg.com/），為全球各地的公司、新聞機構、金融和法律專業人士提供及時行情、金融市場歷史數據、價格、交易資訊、新聞和通訊工具。

再者，由於德意志銀行額外提供了一些擔保品，因此，也會墊高管理費等行政處理費。從公開說明書得知，目前「Ｘ標智滬深三百（港交所代碼 2827）」的管理費率為 1.39％，而寶滬深管理費率為 0.3％＋0.1％（由保管銀行中國信託商業銀行收取），因此，寶滬深總共的費用率為（1＋0.3％＋0.1％）×（1＋1.39％）＝ 1.8％。這個費率已經很高，高到接近一檔股票型基金的費率了，如此一來，就沒有原先 ETF（被動式管理基金）相對於 主動式管理基金 ，有著較低廉費用的好處了。

因此，與其要選擇這種間接型的 ETF，倒不如去找一檔直接投資在 A 股市場，相對管理費較低的 ETF。

Ⓠ 選擇直接投資 A 股的 ETF 是不是比較好呢？

Ⓐ 我們來介紹在香港直接投資 A 股的兩支 ETF，分別為「華夏滬深三百（港交所代碼 3188）」、「華夏滬深三百－R（港交所代碼 83188）」。

「華夏滬深三百－R（港交所代碼 83188）」這檔 ETF 由華夏資產管理（香港）公司發行。華夏基金是中國最大的基金管理公司，而其香港子公司就是華夏資產管理（香港）。這檔 ETF 為 2012 年 7 月 17 日發行，而且是第一檔採用 RQFII 發行的 ETF，投資人購買這檔 ETF，等同於向華夏資產管理（香港）公司直接買入對應「滬深 300 指數」的成分股，而華夏（香港）則得要去購買「滬深 300 指數」的成分股（利用 RQFII 的額度）。換句話說，該檔 ETF 是直接對應到「滬深 300 指數」成分股，不存在前面提到的、票據聯結的信用風險問題。

然而由於因為 RQFII 額度是受到管控的，所以當

觀念速解

主動式管理基金

Actively Managed Funds，指基於積極研究股票市場並獨立判斷進行投資的基金，它與被動式管理（指數化管理）基金相反，而傳統股票型基金的管理方式即屬此種。

A 股市場熱度很高時，投資人也會跟著搶買「華夏滬深三百－R（港交所代碼 83188）」（因為等同於買進飆漲的 A 股）。在投資人爭相追價的結果，會使得這檔 ETF 與原來追蹤的滬深 300 指數的價差越來越大，進而形成所謂的「溢價上升」的結果。

然而正常來說，一個發行 ETF 的基金公司，必須要透過實物申購／贖回的方式，來減少 ETF 與所追蹤複製指數的折溢價問題；但是因為 RQFII 額度申請不易，因此，無法完全透過這個機制來消彌折溢價的問題。目前該檔基金的溢價程度很低，僅有 2% 左右，相較於「寶滬深（臺灣交易所代碼 0061）」或「X 標智滬深三百（港交所代碼 2827）」顯然好很多。

不過這個溢價會不會繼續上升？答案是肯定的，只要 RQFII 的額度仍然受到中國官方控管的話，那麼這個問題是不會消失的。

而目前台灣的「復華 FH 滬深 300（臺灣交易所代碼 006207）」及「FB 上證 180（臺灣交易所代碼 006205）」的溢價仍低於「華夏滬深三百（港交所代碼 3188）」，在台灣買這兩檔 ETF 更優於在香港投資的 ETF。不過未來仍須觀察，是否台灣人民會因為人民幣理財業務地逐步放行，瘋 A 股市場的結果，而把溢價炒高的問題了。

重點 目前連結中國 A 股的 ETF，依照折溢價情形來看，優劣比較為：復華 FH 滬深 300 ＞ FB 上證 180 ＞ 華夏滬深三百或華夏滬深三百－R ＞ 南方 A50 ＞ X 標智滬深三百＞寶滬深。

Q 如果想投資中國，只要選擇中國基金就對了，是這樣嗎？

A 雖然中國未來的前景可期，但是中國基金並不能是資產配置的全部；有許多新興市場——屬於區域型——的基金，也有將部分資金，配置在香港、甚至中國的市場，透過一個較完整的配置，才是長期資產配置之道。

單一區域／國家的投資工具，只能算是短期較為積極的工具（有人稱為「衛星基金」），但不能算是核心資產。衛星資產著重在短期的獲利表現，一定要設立停損、停利點；而核心資產，著重在長期穩健的獲利，即使在相對低檔區，仍須堅持當初選定的資產配置原則，如此一來，才不至於老是見異思遷，而無法獲得應有的利潤。

投資中國大陸的資產合理分配

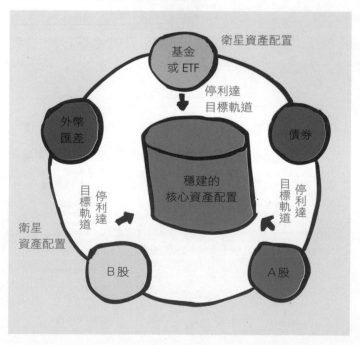

我怎麼知道我買的基金，投資了什麼標的？

教你快速檢視基金背後標的物，投資獲利更準確

其實不管是否投資中國A股，正確觀念的建立很重要：購買任何基金都應摸清楚、看明白，才不容易被人牽著鼻子走！

很多人只看基金的績效好，獲利佳，就跟人盲從下單，結果被套牢。尤其現在的基金名目很多，如何檢視這個基金是否如理專或股市專家所言，投資人投入的每一筆錢都是直接投入中國A股操作，才是重點。建議最好先從「基金資訊觀測站」看看有哪些標的，或者金融機構會提供基金的公開說明書，投資人詳閱之後再投資，會比較保險。

檢視 1 ／基金資訊觀測站，基金資料全都露

投資人可以透過「中華民國證券投資信託暨顧問商業同業公會（http://www.sitca.org.tw/）」的網站，從上欄的統計資料「產業現況分析」點選「境外基金各項資料」，再點選「其他資訊」。從「基金績效評比」可以看到「理柏版本」和「晨星版本」。點選「理柏版本」或「晨星版本」進去之後，可以看到投資在大中華地區的基金百百種，再選擇「基金名稱」之後，就可以發現這檔基金的投資區域和標的，到底有沒有投資中國就一目瞭然了！

STEP.1

進入「中華民國證券投資信託暨顧問商業同業公會（http://www.sitca.org.tw/）」網站

-->「統計資料」
-->「境外基金各項資料」
-->「其他資訊」

STEP.2

點選「理柏版本」或「晨星版本」均可。以下以「晨星版本」為例。

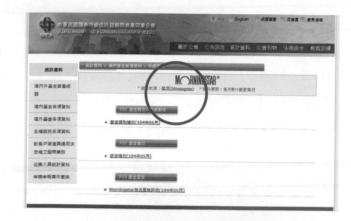

STEP.3

點選「F01 基金類別平均報酬率」下的「基金類別績效（104 年 06 月）」。

STEP.4

在選單往下拉，選擇「人民幣高收益債券」，就可以知道你想投資的基金是否在裡面。

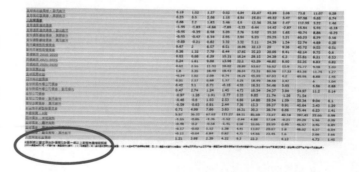

此外，想知道這檔基金上市多久了，從報酬率的欄位可以看到，在「三年」或是「十年」的欄位以下，如果沒有數字、呈現空白的話，代表這檔基金還很年輕，操作的時間沒有這麼久，所以沒有這個年度的績效值。

【人民幣高收益債券】

加入自選積單	基金名稱	基金英文名稱	報酬率(原幣別)									年化標準差三年(原幣別)	β三年(原幣別)	Sharpe三年(原幣別)
			一個月	三個月	六個月	一年	二年	三年	五年	自今年以來	十年			
☐	宏利中國點心高收益債券基金-A類型(美元)	Manulife China Dim Sum USD High Yld Bd-A	-0.3	2.56	2.03	1.23	6	11.66		2.03		1.4		1.09
☐	宏利中國點心高收益債券基金-B類型(美元)	Manulife China Dim Sum USD High Yld Bd-B	-0.3	2.56	2.03	1.23	6.01	11.66		2.03		1.39		1.09
☐	元大寶來中國高收益點心債券基金	Yuanta China High Yield Dim Sum Bond	0.29	1.76	1.25	3.93	6.04	12.71		1.25		2.57		1.03
☐	施羅德中國高收益債券基金-累積型	Schroder China High Yield Bond A	0.07	1.42	1.94	4.86	9.51	16.02		1.94		3.14		1.16
☐	施羅德中國高收益債券基金-分配型	Schroder China High Yield Bond B	0.11	1.3	2.04	5.03	9.65	16.11		2.04		3.11		1.18
☐	永豐中國高收益債券基金-新臺幣累積型	SinoPac China High Yield Bond ACC TWD	0.81	1.97	1.22	5.97	10.7			1.22				
☐	宏利中國點心高收益債券基金-A類型(人民幣)	Manulife China Dim Sum Hh Yd Bd RMB Acc	-0.23	2.75	2.23	1.91	7.94			2.23				
☐	宏利中國點心高收益債券基金-B類型(人民幣)	Manulife China Dim Sum Hh Yd Bd RMB Dis	-0.22	2.78	2.28	1.94	7.99			2.28				
☐	永豐中國高收益債券基金-人民幣累積型	SinoPac China High Yield Bond RMB Acc	0.2	3.05	3.66	2.51	9.19			3.66				
☐	永豐中國高收益債券基金-人民幣月配型	SinoPac China High Yield Bond RMB Inc	2	3.05	3.1	1.98	8.47			3.1				
☐	施羅德中國高收益債券基金(人民幣)-累積型	Schroder China High Yield Bd RMB A	-0.13	1.83	2.68	3.41	10.65			2.68				
☐	施羅德中國高收益債券基金(人民幣)-分配型	Schroder China High Yield Bd RMB B	-0.14	1.8	2.59	3.43	10.64			2.59				
☐	施羅德中國高收益債券基金(美元)-累積型	Schroder China High Yield Bd USD A	0.05	2.01	3.03	3.38	9.11			3.03				
☐	施羅德中國高收益債券基金(美元)-分配型	Schroder China High Yield Bd USD B	-0.16	1.77	2.88	3.48	8.96			2.88				

＊資料來源：中華民國證券投資信託暨顧問商業同業公會

檢視 2／購買基金前，一定要看公開說明書

這就好比你買房子需先查看相關地籍資料一樣。基金公開說明書上，載明基金所有責任、義務、投資策略、投資限制以及規範等等，是基金正式的法律文件。除了上述基本資料外，基金所投資標的的現狀和相關風險，基金運作上所衍生的費用、開支種類及支付贖回款的方式、還有包括基金公司所收取的申購費和管理年費、財產管理人的收費標準、信託管理費用、基金本身的稅負、印刷成本、註冊費用、法律及會計師費用等其他開支，都會詳列於公開說明書上。

投資基金著重在長期穩定的獲利，因此短線的報酬率不一定可觀，所以，注意基金申購、贖回時的費用，以及管理費、轉換費用等成本的高低，就很重要了，以免好不容易得來的報酬率，卻被一些雜七雜八的費用給吃掉，那多冤枉啊！

教你從績效及風險看基金體質及獲利表現

如何評估一檔基金的表現？

抱得一股好基金，才能駛得萬里船。但是市面上基金千萬種，怎麼買？怎麼挑？才能知道這個基金好不好呢？

俗話說：「郎怕入錯行，女怕嫁錯郎。」同樣地，投資人也怕把錢投在錯誤的基金上，因此事前評估就很重要了。可以從兩大方向著手：績效和風險。

從操盤經理人、基金中長期表現看績效

投資基金首重績效表現，除了看該檔基金本身的表現之外，還要注意個別基金操盤經理人的異動，以及該基金公司的品牌、基金公司管理的資產規模以及旗下所發行的基金中長期的歷史績效表現，這些都是需要納入考慮的。

若是以時間來觀察基金經理人的投資績效，半年以下是短期，3 年到 5 年為中長期；5 年以上就是長期了。

從夏普、貝它係數及風險收益等級看風險

基金的風險可參考兩類數值，包含個別基金的夏普指數和貝它係數，以及基金風險的收益等級——從 RR1 到 RR5，數值愈大代表風險愈高！

一、夏普指數（Sharpe Ratio）：數字愈高越好，表示基金在考慮風險因素後的回報情況愈高，這也意謂著每承受一單位風險所得到的超額報酬。一般的風險評估期間常以 3 年期為標準。

二、貝它係數（Beta Coefficient）：用來衡量基金受市場影響的程度，若 β 值大過 1，顯示該檔基金受市場波動影響大，若 β 值小於 1，即表示該檔基金對市場的敏感度較低。貝他值愈大，則該基金的風險性、以及獲利的潛能也就愈高。

三、基金風險的收益等級：是中華民國銀行公會針對基金之價格波動風險程度，依基金投資標的風險屬性、和投資地區市場風險狀況，由低至高所訂定的「RR1、RR2、RR3、RR4、RR5」五個風險收益等級。投資人可以依照可承受的風險，選擇投資標的。

如何錢進大陸，有去有回？

想要「錢」進中國股市，只有兩種方式：選擇在台灣開戶透過複委託的方式再投資中國，或到香港或中國大陸開戶，直接投資中國！但兩者有差嗎？又哪一種方法對台灣投資人比較划算呢？

單元重點

- 搞清什麼是複委託？
- 跟赴港開戶有何不同？又有什麼限制？
- 申購基金的手續費如何計價及收取？

在台開戶與赴港開戶，投資中國方式大不同

Q 如果想投資中國，有什麼方法嗎？

A 這可以分成直接的方式和間接的方式。

一、間接管道：在台灣的大型券商開一複委託證券戶，然後透過複委託的方式，投資中國的金融商品，如台灣投信發行的中國基金、跨境的 ETF 及香港上市的紅籌股及中國概念的 ETF。

　　優點是免換匯、交割不延遲、交易手續費較低，資金也可在台股與陸股之間快速移轉。缺點是這些雙掛牌的 ETF 存在成交量偏低及折溢價等問題，還有兩地交易時間不同步，容易影響投資決策。

二、直接管道：在香港或是中國大陸開證券戶，直接投資相關的金融商品。

　　透過網路券商或直接到香港券商開戶，就可以直接購買任何在香港上市的股票，包括港股、紅籌股、國企股（H 股）及 ETF 等等。

這比複委託更大的好處是，可以投資更具中國官股成分的H股，例如：中國建設銀行、中國工商銀行、中國石油及中國平安保險等企業。

缺點是想透過這種管道投資，仍然會有資金必須匯進匯出的問題，而且必須熟悉網路交易。此外，港股交易的方式也和台股不太一樣，投資人下單時必須注意。

Q 那台灣投資人透過複委託的方式，可以投資中國的哪些金融商品呢？

A：雖然台灣投資人可以在台灣的大型券商開立複委託證券戶，透過複委託的方式，購買中國的金融商品，其實券商在處理時，大致又分為三種管道間接購買：

第一：在購買台灣投信發行的中國基金方面，目前90％以上是投資在香港上市的紅籌股及國企股（H股），這些公司雖然在香港上市，但主要業務都在大陸，因此，當人民幣升值時，也會對股價造成正面的效果。

第二：可透過台灣股市購買跨境的ETF，例如：匯豐投信發行的「恆生H股（港交所代碼2828）」、寶來投信發行的「X標智滬深300中國指數基金（港交所代碼2827）」。

第三：透過台灣證券商的複委託交易，直接購買在香港上市的紅籌股及中國概念的ETF。例如：中國移動、中國海洋石油、中國聯通、聯想集團等，都是台灣股民較熟知的 紅籌股。

Q 如果選擇複委託的方式投資，台灣投資人要如何開戶呢？

A 因為開戶身分的不同，要準備的文件也不一樣。以台灣本地出生的投資人，只要準備身分證，再加健保卡

觀念速解

紅籌股

是對在香港或其他中國大陸外的地區註冊，但公司起始於中國大陸，並主要在大陸開展業務的，具中資背景，尤其是指具官方背景的股票的俗稱。稱為「紅籌」是因中國大陸官方以紅色為主色。

或駕照等第二個可以證明身分的證件，及銀行存摺正面影本、個人印章，就可以至大型券商開戶。

如果開戶的民眾無法親自到場，需要透過委託人辦理開戶的話，委託人也要準備證明文件：

一、委託人是自然人時：須持身分證、外僑居留證正本或護照，親自臨櫃簽定受託契約，並且交附身分證影本留存。

二、委託人是法人時：檢附法人登記證明文件、合法授權書，由被授權人親持身分證、外僑居留證正本或護照，親自臨櫃辦理，並且交附影本留存。

在台灣開立複委託時的身分及文件

身分	開戶準備文件
國內（外）自然人	（1）身分證或外僑居留證或護照。 （2）健保卡、駕照、護照、戶籍謄本等第二身分證件。 （3）銀行存摺正面影本。 （4）印章。
一般法人	（1）公司負責人身分證正反影本與護照影本。 （2）被授權人身分證影本。 （3）公司營利事業登記證影本。 （4）公司變更登記表影本。 （5）公司執照影本（91 年 5 月前設立需提供） （6）法人授權書。 （7）公司大小章。
OBU 境外法人	（1）公司登記證明文件 （2）公司章程影本 （3）公司負責人身分證明文件與護照影本。 （4）被授權人身分證明文件與護照影本。 （5）股東名冊與董監事名冊。 （6）法人授權書。

観念速解

OBU

是「Offshore Banking Unit」的縮寫。是指某個本地的銀行得到國家特許，而在境外的某個國際金融中心經營國際銀行業務的海外分行。

Ｑ 如何透過複委託向券商下單，購買想要的中國基金或金融商品呢？

Ａ 只要完作複委託手續後，就可以利用以下3種方式，透過券商向各管道購買想要的中國大陸基金及金融商品。分別為：第一種、電話人工下單：於盤前或交易時間內，親自透過電話向營業員下單。第二種、網路下單。第三種、當面委託下單。其實整個手續十分簡單且方便。

Ｑ 複委託交易費用怎麼算呢？

Ａ 透過複委託，台灣投資人可以買到多樣金融商品，包括：Ｂ股、Ａ股基金、Ａ股ETF，還有在香港掛牌上市的股票和基金（例如：Ｈ股、點心債、Ａ股基金、Ａ股ETF），這些都是可以投資的商品。

一、海外股票的部分：要看所購買金融商品的成交金額及要求幣別來計算。像是若以港幣計價，以人工單的方式複委託下單，則手續費為50元港幣至0.5％，網路下單比較便宜，則0.25％～0.50％，或最低50元港幣，但要收1.0％的印花稅及0.01％交易費。

其中要注意的是：印花稅0.1％以成交金額累進至千元為計算單位，不足千元者以千元計算，其餘費用均四捨五入至小數點第二位。另外，還要代收股票股利服務費及代收現金股利服務費，並指定由參與除權除息之投資人支付。在代收股票股利服務費方面：每手港幣7.5元，不足一手以一手計，最低為港幣25元，最高為港幣2500元。至於代收現金股利服務費：現金股利之0.5％，最低為港幣25元，最高為港幣2500元。

二、共同基金與 ETF 的部分：共同基金的複委託手續費

計價方式為：經理費（1.5%）＋保管費（0.15%）＋銷售手續費（0.6%～1.5%）；而 ETF 的複委託手續費計價方式為：經理費（0.3～0.4%）＋手續費（0.1425%）＋交易稅（0.1%）。

以複委託購買海外股票手續費計價方式

交易價金	手續費率（人工單）	手續費率（網路單）	印花稅	交易費	交易徵費
成交金額（港幣計價）	50 元港幣至 0.5%	0.50%～0.25% 最低 50 元港幣	0.10%	0.01%	0.00%
成交金額（人民幣計價）	50 元人民幣至 0.5%	0.50%～0.25% 最低 50 元人民幣	0.10%	0.01%	0.00%
成交金額（美金計價）	5 美元至 0.5%	0.50%～0.25% 最低 5 美元	0.10%	0.01%	0.00%

＊實際交易費用以各券商等金融單位公告為準

以複委託購買共同基金與 ETF 手續費計價方式

金融商品	ETF	共同基金
交易成本	經理費（0.3～0.4%）＋手續費（0.1425%）＋交易稅（0.1%）	經理費（1.5%）＋保管費（0.15%）＋銷售手續費（0.6%～1.5%）
管理方式	被動式管理	積極式管理
交易方式	與股票相同，價格在盤中隨時變動，可以直接交易。	依據每日收完盤後，結算基金的淨值進行交易。

＊實際交易費用以各券商、投信等金融單位公告為準

赴港開戶買H股、紅籌股，非港居民匯兌無上限

Q 如果投資人想到香港或是中國大陸開戶，有那些流程呢？

A 香港號稱是人民幣離岸中心，發行與人民幣相關的金融商品數量不勝枚舉，包含在香港掛牌上市的大陸企業H股、中國大陸國營色彩濃厚的紅籌股，當然還有點心債，種類繁多。所以，想參與中國淘金熱的投資人，如果不在乎帳戶管理等費用比較高的話，也可以選擇到香港或是中國大陸，直接在當地開戶投資。

開戶的流程包含：開立證券帳戶、指定交易、開立資金帳戶、轉託管、資金劃轉、非交易過戶、委託買賣、分紅配股、清算交割、銷資金戶等業務細節。

首先來看到「開立證券帳戶」，不論機構或個人，在深圳、上海證券交易所進行證券交易，首先需要開立「證券帳戶卡（股東代碼卡）」，它是用於記載投資者所持有的證券種類、名稱、數量及相應權益和變動情況的帳冊，是股東身分的重要憑證。每個投資者在每個市場只允許開立一個證券帳戶卡。如果選擇到香港開戶，甚至在香港的機場也可以辦理。

Q 到大陸或是香港開戶，需要攜帶哪些證明文件？

A 若到中國大陸開戶，依照開戶者身分的不同，需要準備的證件不一樣：

一、機構投資者：

1. 法人營業執照或註冊登記證書原件和複印件，或加蓋發證機關確認章的複印件。

2. 法定代表人授權委託書與法人代表證明書。

3. 法定代表人身分證明文件複印件。

4. 經辦人的身分證及其複印件。

二、個人：

1. 若是中國籍人士，本人親往辦理的，提供本人中華人民共和國居民身分證及其複印件。

2. 境外自然人（台灣民眾）持境外居民身分證（護照），及其複印件可開立深、滬 B 股帳戶。

3. 由他人代辦的，還須提供代辦人身分證及其複印件、經公證的授權委託書。

若是到香港開戶的話，建議最好先在銀行開立外幣帳戶，才能做指定轉帳戶，並將銀行英文名稱、分行英文名稱、分行英文地址、Swift Code、帳號記起來，並再攜帶台灣護照、台灣身分證、港簽或有效台胞證、台灣居住地址及三個月內的水電帳單或繳費帳單以茲證明，以及台灣居住地址英譯，便可在香港各家銀行辦理了。

Ⓠ 到大陸或是香港開戶，需要什麼費用嗎？

Ⓐ 香港開戶，似乎不用手續費。但若不是香港本地人或外地人去香港工作，純粹只是外國投資客的話，通常會被要求開立金額不小的理財帳戶，例如中國銀行會要求帳戶一定要 10 萬元港幣現金，否則會收取每個月 60 ～ 100 元港幣的帳戶服務費。除此之外，什麼東西或服務都要錢，舉例匯豐網路買賣港股經紀佣金要收成交金額的 0.25％，而且最低每次要收 100 港幣，因此在香港開戶前要先核算一下成本效益。

至於到大陸開戶，依照交易所和 A 股 B 股的不同，

費用也不同，個人的收費金額從人民幣 40 元到美金 19
元，機構的收費金額從人民幣 500 元到美金 85 元。特
別要提醒投資人的是，買賣 A 股的身分條件是中國大陸
人士及部分合格的台灣人，一般台灣投資人僅能直接交
易 B 股，如果投資人企圖冒用中國大陸人士的身分交易
A 股，不僅違法，證券戶裡的資金還有可能被人領走、
血本無歸，投資人最好不要嘗試。

至大陸開戶費用一覽表

帳戶分類	個人收費標準	
開戶費用	深A（深圳A股）	人民幣：50 元
	滬A（上海A股）	人民幣：40 元
	深B（深圳B股）	港幣：120 元
	滬B（上海B股）	美金：19 元
交易手續費	滬A（上海A股）	5 元人民幣至成交金額 0.3%
	滬B（上海B股）	1 美元至成交金額 0.05%
交易結算費	滬A（上海A股）	無
	滬B（上海B股）	成交金額 0.05%
過戶費	滬A（上海A股）	1 元人民幣至成交面額 0.1%
	滬B（上海B股）	無
印花稅	滬A（上海A股）	賣出繳交成交金額 0.1%
	滬B（上海B股）	
更換結算會員	上海交易所	2 美元

＊實際交易費用以各券商、投信等金融單位公告為準

　　開戶完成之後，就會領到「證券帳戶卡」。不過，
上海交易所和深圳交易所的證券卡不太一樣。深圳證券
交易所的證券帳戶分為五類，但全部以阿拉伯數字表
示，沒有以英文字母開頭作識別；但是，上海證券交
易所的證券帳戶也是分為五類，但是會依照投資者的性

質，再用英文字母做為區分。所以，會變成：英文字母＋9位數字＋1校驗數字。

上海交易所證券帳戶卡號代表的意義說明

證券帳戶特徵	投資者分類	投資範圍
A********	僅限於中國內地個人投資者	可買賣A股股票、所有基金、所有債券，但不能買賣B股股票和債券回購
B********	僅限於中國內地一般機構法人投資者	可買賣除了B股股票之外的其他任何掛牌交易品種
D********	僅限於中國內地證券公司自營使用	可買賣除了B股股票之外的其他任何掛牌交易品種
C********	僅限於國外或境外港澳臺地區的個人和機構法人投資者	只能買賣B股股票
F********	僅限於中國內地個人投資者	只能買賣證券投資基金和記帳式債券（無實體債券）

Ⓠ 在大陸的直接交易時間為何？

Ⓐ 由於在中國大陸交易時間為周一至周五上午：9：15至9：25，這是前市，屬於集合競價階段。其中，上午9：30至11：30是早盤，屬於連續競價階段。13：00至15：00是後市時段（午盤），也是採取連續競價。

此外，投資者下達委託指令的時間，為交易日的9：00至15：00，委託交易的方式有四種：

一、**當面櫃檯委託**：需要投資者本人提供資金帳戶卡，填寫委託單並簽章。委託完畢，請投資者注意妥善保存委託單。

二、**自助終端委託**：通過證券營業部提供的電腦自助操作設備，進行委託與查詢。

三、**電話委託**：通過撥打券商提供的專用委託電話進行交易與查詢。

四、**網上交易**：透過網路進行交易與查詢。

Ｑ 關於中國大陸股市結算交割的流程是如何呢？

Ａ 每次委託買進、賣出成功後，交易系統將會立刻把金額記錄到保證金帳上，這稱為「資金當日回轉」。資金清算的時間依照金融商品而有所不同，Ａ股、基金、債券在Ｔ日賣出，Ｔ＋１日才可以取款；Ｂ股的資金清算時間則是Ｔ＋３日。要提醒投資人的是，戶頭裡要有足夠的金額才能交易。

Ａ股結算交割流程

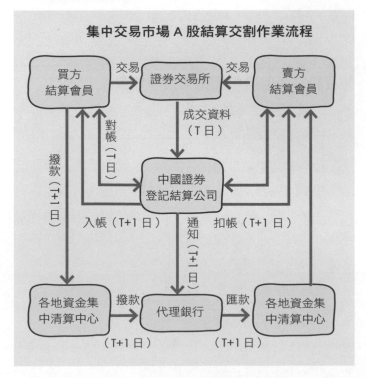

B 股結算交割流程

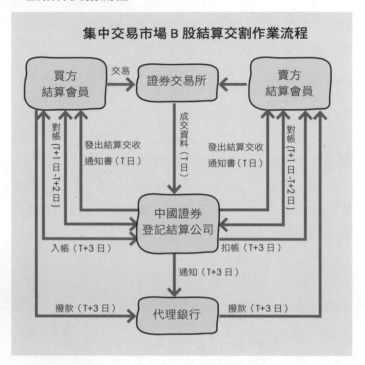

集中交易市場 B 股結算交割作業流程

買方結算會員 —交易→ 證券交易所 ←— 賣方結算會員

對帳（T+1日～T+2日）

發出結算交收通知書（T日）

成交資料（T日）

發出結算交收通知書（T日）

對帳（T+1日～T+2日）

中國證券登記結算公司

入帳（T+3日）　扣帳（T+3日）

通知（T+3日）

撥款（T+3日）　代理銀行　撥款（T+3日）

複委託券商收費貴，適合長期投資人

Q 透過海外券商自行交易，或是透過複委託券商交易，各有什麼優點？

A 在台灣隨時可以聽到報章雜誌，或是一般民眾在討論哪些熱門飆股；甚至於還可以親自做個田野調查——只要上街逛逛，就可以看到現在流行什麼，再去查詢是哪些公司在生產或銷售這些熱門商品，然後，我們再注意這些公司的股價變化（假設這些公司有掛牌交易）；而這些幾乎都是隨手可得的資訊。

可是，如果你要投資人民幣計價的相關金融商品，勢必也需要相關訊息，才知道有所進退。而透過複委託最大的好處，就是你可以得到券商提供的研究報告。目

前台灣大型的金控公司旗下的券商部門，都有提供複委託的業務，他們多半都編制有研究團隊、提供及時行情及研究報告。但是，透過複委託券商下單要收取較高的手續費，因此，交易的價差（資本利得）得要漲過交易的手續費，才有利可圖。因此，如果是偏愛長期投資的投資人，不時興短線交易的話，就可以考慮選擇複委託券商，以免過份頻繁的交易，衍生出太高的交易成本，那就划不來了。

有別於複委託，透過海外券商下單的好處，包括：開戶有中文介面、交易費較便宜、網路自行下單也方便。雖然海外券商有時候也會提供中文版本的研究報告，但如果是積極一點的投資人，蒐集資訊還是要自己來。另外，在國內財經網站、鉅亨網等，也可以找到相關訊息；因此較適合短進短出、有投資基礎的投資人，在交易費上是可以省下很多錢。

如果投資人打算自行透過網路在海外券商開戶、下單，和透過國內複委託的方式投資陸股，兩者費用大不同，投資人可要先打聽清楚兩者的計費方式，還有瞭解自己的交易習性，才不會讓你的資本利得，被重重的費用給剝削光了。

觀念速解

基金
名稱代號

A：手續費前收
B：手續費後收
T：按月配息
1：年配息
2：配息滾入再投資

Q 有時候會看到 基金名稱 一樣，但是名稱尾端又有A、B、C 的字樣，這有什麼分別嗎？

A 這代表申購基金的手續費是前收還是後收。

「A」就是我們平常所指的基金，這代表申購基金時，同時就收取手續費了，通常是申購金額的 1.5％ 到 3％。

「B」代表這種基金不用付申購費，但它需要付贖

回費，也就是所謂的「後收」型，通常贖回費用高低跟投資年限長短成反比。例如：基金投資 1 年、2 年、3 年、4 年的贖回費用，贖回時分別收 4%、3%、2%、1% 的贖回費。後收的費用，通常是從基金贖回的金額裡直接扣除。

表面上 A 基金和 B 基金，似乎投入同樣的金額，但實際上，A 基金因為先扣除手續費，所以實際投入的金額，B 基金比 A 基金多！但是 B 基金也有缺點，就是基金的淨值每天會扣除一些管銷費用。

「C」代表它不用申購費、也不用贖回費，所有的管銷費用全部是由基金淨值中扣除！好處是投資人的資金可以全部投入，贖回時也沒有額外費用，不過，這種基金通常會被「綁約」，投資未達期限是不可以贖回的，要不然，可能會有高額的違約金。

Q 一般民眾投資人民幣理財商品的額度有上限嗎？

A 在台灣辦理人民幣投資理財商品，包括「涉及人民幣匯率的本金、無本金交割商品」及結合某些股權或利率等的結構型金融商品，或者與「中國上市股價指數或個股連結的衍生金融商品」，通通都在開放之列；也就是說，像是以定存連結人民幣匯率、利率的金融商品，在台灣國內的銀行就可以辦理了。不過，還是有額度的上限！目前法規規定，投資人每天購買人民幣組合式金融商品，不得高於 2 萬元人民幣，匯款至中國大陸的上限則是 8 萬人民幣！

重點▶ 投資人每天匯款至中國大陸的上限，則是 8 萬人民幣！

Q 人民幣業務開放後，對於投資理財有什麼不同嗎？

A 外匯指定銀行（DBU）人民幣業務開辦之後，原本就擁有外幣帳戶的民眾，又多了一種幣別——人民幣——可以存款和匯款！對於民眾來說，只要到外匯指定銀行開一個外幣綜合存款帳戶，未來就可以享受較高人民幣存款的利率了。可惜的是，目前人民幣帳戶的功能，暫時侷限於存、提款和匯款，還無法利用人民幣直接投資中國股市。

此外，大多數台灣的銀行，因為政治因素以及規模大小這兩個要素，目前不具有直接投資中國的資格，只有少數幾家券商和保險公司具有資格，可以投資中國金融商品。但是，在中國大陸逐漸對台灣釋出善意之後，未來的情況或許會改觀。

人民幣清算及業務開放後，對兩岸三地投資的重要利多政策有：

一、大陸將台灣列入 RQFII（人民幣合格境外機構投資者）名單，給予人民幣 1000 億元（約 161 億美元）投資額度；台灣也放寬大陸境內合格投資機構（QDII）投資台股上限，從 5 億美元提高為 10 億美元。

二、開放兩岸人民相互投資股市。在台灣境內的個人，未來可以 RQFII 的方式，投資陸股（即 RQFII 2）；長住大陸工作或求學的台灣人，可直接投資大陸 A 股，為陸股增添活力。金管會也將研擬開放，大陸合格境內個人投資者（QDII2）投資台股。

三、兩岸券商合資設立基金管理公司，台資持股上限從現行 49％，提高到 51％以上。

四、兩岸機構合資「全牌照」券商，符合條件台資券商

在上海、福建、深圳各新設一家，首次發放的牌照僅有三張。

五、大陸 QFII 申請門檻為資產達 50 億美元以上，台灣證券商以自營及經紀業務為主，資產規模較小，證監會放寬台資券商以「集團」管理的證券資產納入計算，申請大陸 QFII 執照。

六、台資券商十多年來爭取在大陸設立營業據點，獲得回應。

七、籌畫建置 T 股，擬開放大陸註冊公司來台上市機制。

　　雖然這些成果對於台灣的金融業來說，如同天外飛來大禮，但兩岸共識必須在 ECFA 框架下推動，在還沒落實前，只能先望梅止渴了。

投資機構可投資陸股（含港股）條件

股份類別	註冊地	交易所	投資者	其他
A股	中國大陸	上海／深圳	當地	人民幣計價
B股	中國大陸	上海／深圳	境內外都可	美元計價
H股	中國大陸	香港	QDII／國際	港幣計價
紅籌股	中國境外	香港	QDII／國際	此股為中國政府或地方政府直接或間接持有的機構或企業

輕鬆搞懂「錢」進
大陸的方式及撇步

想投資中國有直接和間接的方法

一、間接管道：在台灣開複委託買賣外國有價證券的帳戶，再透過複委託的方式，投資中國的金融商品。或者是：

　　1. 購買台灣投信或國際知名資產管理公司所發行的中國基金。

　　2. 透過台灣股市購買跨境的 ETF。

　　3. 透過台灣證券商的複委託交易，購買在香港上市的紅籌股及中國概念的 ETF。

二、直接管道：在香港或是中國大陸開證券戶，直接投資相關的金融商品。

　　開戶的方式，可以透過網路券商、或直接到香港券商開戶，就可以直接購買任何在香港上市的股票，包括港股、紅籌股、國企股（H 股）及 ETF 等等。

複委託與直接投資的優缺點

	複委託	直接投資
優點	免換匯、交割不延遲。	可以直接投資 H 股。
缺點	1. 成交量偏低。 2. 兩地交易時間不同步。 3. 手續費較高。	1. 台幣需匯兌成港幣交易。 2. 港銀帳管費不低。

注意！投資人民幣商品有限制

一、投資人每天購買人民幣組合式金融商品，換現鈔上限為 2 萬元人民幣。

二、匯款至中國大陸，上限為 8 萬人民幣！

3 第3天

跟著投資大師這樣做，
第一次投資中國不失敗

怕中國大陸股市太過複雜？不敢跨出第一步？沒關係！那就跟著股神巴菲特及吉姆·羅傑斯一起投資中國股市及基金吧！掌握大師們的 4 個投資心法及 5 個獲利能力指數，再教你看懂中國重要數據背後的商機及政策風向，讓你趨吉避凶，投資中國不失敗！

 第 **1** 小時　跟著巴菲特投資中國，5 年獲利 35 億美元

 第 **2** 小時　吉姆·羅傑斯這樣投資，掌握中國潛力股商機

 第 **3** 小時　看懂中國重要經濟數據，免做套牢族

 第 **4** 小時　教你如何觀察中國政策訊息，免踩地雷區

跟著巴菲特投資中國，5年獲利35億美元

股神華倫‧巴菲特很早就很早就關注中國，特別是金融海嘯後，還曾大舉投資中國，光投資石油產業股，5年獲利35億美元，到底是怎麼做到的？他又怎麼選股？

單元
重點

- 巴菲特如何進入中國投資市場
- 從巴菲特在中國三大投資分析，揭露投資心法
- 看懂五大「獲利能力」指標，優質股輕鬆找

投資中國石油，巴菲特獲利8倍

Q 巴菲特選擇了哪些企業，作為他在中國的投資？

A 巴菲特在中國比較知名的有三項投資：中國石油天然氣股份有限公司、比亞迪汽車以及 IMC 國際金屬切削公司。前兩者他是以購買股票的方式，成為公司大股東；後者則是直接投資，他出資 2785 萬美元成立這間公司。「規模適中、前途看好、經營合理、價格合適」這四大要點，就是巴菲特在中國尋找的投資標的！

因為中國 A 股市場專供境內投資者買賣，B 股的交易量太小，因此，巴菲特選擇買在香港掛牌上市的 H 股投資中國。

巴菲在中國的第一個投資，是入股中國石油天然氣股份有限公司（港交所代碼 0857）。

2002 年，巴菲特旗下的波克夏控股公司（BERKSHIRE HATHAWAY INC.）總計四次出資 4.88 億美元，以每股 1.65 港元買進中石油 H 股 13％的股票，成為第三大股東。有了股神光環的加持，中石油股價也

跟著水漲船高。由於持有香港上市公司逾 5％的股權，就必須向監管機構申報，巴菲特不嫌麻煩依舊入股，此外，巴菲特投資中石油的時間，是市場普遍看淡石油股的情況下，巴菲特竟豪氣地一擲 4.88 億美元入股中石油，顯然當時相當看好中國未來的經濟發展。後來，2007 年 7 月中石油從 H 股回歸 A 股市場，巴菲特開始連續拋售，在每股 12 港元時拋售完畢，巴菲特從中獲利 35 億美元！

中石油 H 股 2002 ～ 2007 年的走勢圖

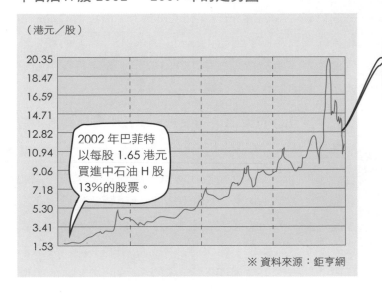

（港元／股）

2002 年巴菲特以每股 1.65 港元買進中石油 H 股 13%的股票。

2007 年 7 月中石油從 H 股回歸 A 股市場，巴菲特開始連續拋售，在每股 12 港元時拋售完畢。

※ 資料來源：鉅亨網

Ｑ 巴菲特選擇中石油的理由是什麼？

Ａ 巴菲特曾說過「中國是一個有很多機會的國家」，不過，巴菲特的投資哲學是價值型投資，因此，巴菲特永遠在尋找「規模適中、前途看好、經營合理以及價格合適」的投資對象，他從來不在股價大漲時追高，他永遠都是選擇「股價被低估」的股票，即使到了中國，也不例外！

如果以中國石油的價值來看，它在香港上市的股票，2003 年時，預期每股本益比是 8 倍，股息收益率為 6%；而當時美國股市的平均股息收益率僅為 2%，相較之下，巴菲特投資中石油的確是個好選擇。

　　除了「股價被低估」之外，「前途看好」更是巴菲特投資中石油的最佳理由。

　　巴菲特入股中石油時，中國正迅速發展中，中石油也隨著中國經濟一起成長，包括在金融海嘯前後，中石油與一些跨國公司進行多個合作項目，包括與皇家殼牌石油公司（Royal Dutch/Shell Group）、俄羅斯 Gazprom 和美國埃克森美孚公司（Exxon Mobil）合作的西氣東輸管道項目，總投資規模達 180 億美元，範圍橫跨中國東西部，其中包含經濟重鎮——上海。

　　Q 那麼巴菲特賣掉中石油後，現在中石油還值得進場嗎？

　　A 由於目前中國已經取代美國，躍升為全球消耗原油量最大的國家；再加上能源短缺的問題始終懸而未決，因此，能源公司的股價在未來絕對不會寂寞。加以中國未來 5 年「城鎮化」建設勢必如火如荼的展開，大量消耗原油的情景可以預期，應也可以支撐能源類股的股價於不墜。

　　而且中國政府一直怕石油會受制於人，因此一直挾著中石油雄厚的資金實力，頻頻在海外收購石油和天然氣資源，為未來油源作準備，或許可以提供投資參考。

前景＝錢景，瞭解需求並選擇寡佔性企業

　　Q 在石油投資之後，巴菲特還有買進其他的中國股票嗎？

(A) 2008 年 9 月，不顧金融海嘯開始肆虐全球經濟，巴菲特逆勢投資 18 億港幣（約 2.3 億美元），以每股 8 元港幣的價格，買進比亞迪汽車公司（在香港股市的股票代碼 1211）9.9% 股份。比亞迪的股價也是因此翻倍，到了 2009 年 8 月 31 日，比亞迪當日收盤價為 48.6 港元，若以當日股價來計算，巴菲特當初所投資的 18 億港幣，已經增值到 121.5 億港幣，獲利近 7 倍！

(Q) 比亞迪是何許人？在中國不算是最頂級的大型企業，為什麼巴菲特願意入股？

(A) 比亞迪草創時，也是個家庭工廠，在 1995 年以手機電池起家，從事二次充電電池業務、手機部件及組裝業務；2003 年收購中國汽車企業，將事業擴展到汽車領域，包含傳統燃油汽車及新能源汽車在內的汽車業務。

既然電池是比亞迪的老本行，那麼，跨足汽車產業就是產業的垂直整合。做電池，比亞迪打敗 SONY 拿下製造電池冠軍寶座，甚至因為擴充業務規模，還一口氣挖走 400 名富士康的員工，讓郭台銘氣得跳腳，一連好幾年，郭台銘都叫陣巴菲特：「敢不敢開比亞迪的車子上路？」

因此，比亞迪進軍汽車領域雖然不到 10 年，但是已經豪氣干雲地對外宣稱，將成為業界最先量產充電式電動車！如果以市值論，比亞迪當然擠不進中國的前十大，但是如以中國本土汽車業來說，比亞迪可算是異軍突起的公司了。

如果從股價來看的話，當初巴菲特入股時，是在 2008 年 9 月以每股 8 元港幣購買，隨後在 2009 年 10 月和 2010 年 3 月，股價各有超過港幣 80 元的表現，但是

跟著巴菲特投資中國，有四大要點：規摸適中、前途看好、經營合理、價格合適！

巴菲特卻沒有在波段高峰時出場。一般人錯失可以賺取大量差價的機會時，都會捶胸頓足；尤其以比亞迪股價最近的表現來說，可說是節節敗退，在接近港幣 30 元附近持續盤整（參看下圖），但是巴菲特非但沒有打退堂鼓，還對外界發表看法，表示：「這項投資還沒有結束。」除了巴菲特忠於長期投資的心法之外，「看好未來」應該是支持巴菲特走下去的最大理由。

比亞迪 2008 ～ 2013 年 4 月香港股價走勢圖

※ 資料來源：雅虎香港 http://hk.finance.yahoo.com，股價與成交量均以港幣計算

Q 對於巴菲特看好比亞迪的未來，「看好未來」指的是什麼呢？

A 比亞迪的策略是：「如果有一天未來石油能源短缺了，電動車就是未來趨勢！」

因此，即使風波不斷，比亞迪一路走來，就是讓人驚訝不斷！比亞迪生產的油電混合車，在中國叫做雙模

電動車，充一次電可以跑一百公里；這樣好的性能，比亞迪卻採取低價策略，一台油電混合車售價大約是 11 萬人民幣，就是這輛車讓巴菲特驚艷，也讓巴菲特看好汽車和電池技術兼備的比亞迪。

目前中國四大汽車集團是上汽、東風、長安和一汽，最大的汽車商是上海汽車集團。上汽 2012 年銷量約 360 萬輛，比亞迪則是 52 萬輛。中國汽車市場在經歷了 2009 年和 2010 年以 30％以上的飆速成長之後，市場規模翻了一番。但自 2011 年後，汽車的產銷量雖然減緩，但是到了 2012 年之後，市場號稱仍有逾 10％的增幅，這種兩位數的成長，在全球經濟如此疲軟的此際，令人側目！

如果單就「低價」作為考量，中國消費者的確對於低價車有很大的需求，但這並非只是讓比亞迪唱獨腳戲，因為上海通用及東風日產推出的車款，也鎖定低價車市場，和吉利汽車、比亞迪汽車的兩大主力銷售車型，直接正面開打。在前者具有品牌優勢的情況下，如果只是著眼於低價策略，比亞迪或許沒有完全勝算的把握；但若考慮到新能源的概念，那麼將來鹿死誰手，可就未可知了。

Ⓠ 比亞迪的「新能源」事業有哪些？

Ⓐ 然而，巴菲特投資的眼光，卻在於「新能源」這三個字！

除了「油電混合車」獨獲巴菲特的青睞之外，比亞迪投資建造太陽能發電廠這個新能源投資事業，可能也將成為比亞迪和巴菲特新的收入來源；因為這項建廠計畫是跟著中國的國家政策一起前進！

中國大陸國務院常務會議在 2012 年 12 月底指出，

將加強太陽能發電規劃與配套電網規劃的協調，並對分布式太陽能發電，實行按照電量補貼的政策。這個政策更強調，對於太陽能發電站，將與風力發電進行相同的增值稅優惠，並減少政府干預、禁止地方保護。在大陸國務院明確支持太陽能產業發展的規劃之後，比亞迪隨後公布，將在陝西興建一座 500MW 的太陽能發電廠，並且分三個階段完成，首期工程將會在 2013 年底完成，將提供 200MW 的電量。消息一出，也帶動比亞迪的股價上揚。

這個太陽能發電站工程，是比亞迪擴大再生能源業務計畫的一部分，根據財報資料顯示，比亞迪在 2012 年上半年的營收總額為 214 億元人民幣，其中電池與新能源業務的營收為 22 億元人民幣，約佔總營收的 10.3％，遠遜於手機組裝與汽車業務。不過，因為在政策的支持下，太陽能業務有望成為比亞迪業績成長的動力來源，這或許也是巴菲特繼續抱股的原因之一。

重點 巴菲特持續看好比亞迪，並抱股的原因：1. 發展油電混合車；2. 投入太陽能發電廠；3. 擴大再生能源業務計畫。

順著國家政策集中投資金屬切割工具的產業

Ⓠ 除了石油及汽車、能源產業外，巴菲特還有關注其他企業嗎？

Ⓐ 其實巴菲特的真正第二個投資，是進入金屬切割工具行業；而且這個投資被外界視為是他在中國的第一筆直接投資。

巴菲特在 2007 年出資 2785 萬美元，協助以色列 IMC 集團，在中國大連成立 IMC 國際金屬切削（大連）

有限公司。IMC 是以色列的切削工具生產商，這個集團主要是替汽車、飛機等行業，生產用於切削和打磨的工具，當時的願景是希望成為亞洲最大的航空，及汽車工業專用刀具的生產基地。

Q IMC 集團是屬於金屬切割工具的產業，和中石油、比亞迪的產業屬性相去甚遠，巴菲特為什麼鍾情於它，甚至直接挹注資金，幫助它在中國成立子公司？

A IMC 大連公司主要為航空、汽車、模具、機械加工等行業提供高品質的切削刀具，年產值估算約 3 億元人民幣，而且有逐年遞增的趨勢，因此，中國大連有望成為 IMC 集團在亞洲最大的航空及汽車工業專用刀具生產基地。巴菲特關注亞洲金屬切割工具行業，隨著 IMC 集團的腳步，在中、日、韓都有投資，甚至出席 IMC 的某些特定典禮，顯見巴菲特對其之重視。

由於中國的工業現代化的進程，仍處於加速狀態，未來十年將是中國經濟的轉型期，在重視科技以及人力成本提高的情況下，機器設備的投資金額增長加快，特別是機床行業的需求，仍是持續增長。不過，由於中國的金屬切割技術仍處於落後階段，對於中高階金屬切割器具等產品，還是相當依賴進口；也因為如此，諸如金屬切割等機床產業，未來的發展潛力仍大，這就是巴菲特屢屢涉足金屬切割工具行業的主要原因！

Q 目前金屬切割工具產業在中國的發展近況如何呢？

A 中國的機床數位化程度，仍遠低於德國和日本，其比率甚至落後近一倍！根據中國機械聯合會的資料顯示，2001 年中國金屬切割機床產量數位化比率僅為 6.8％；而金屬成形機床甚至難以見到數位化的產品。直

中國現代化加速中，機器設備、金屬切割工具行業的投資增長，不容小覷。

到 2008 年以後，中國工業猛然崛起，金屬成形機床加速發展，到了 2009 年數位化比率提高了 1 倍；可見中國政府當局對這個領域的重視。

數據也顯示 2010 年，中國金切機床產量數位化比率為 29.7％，金屬成形機床產量數位化率大約為 5％；金切機床產值數位化比率為 52.5％，機床消費數位化比率大約為 60％。

雖然金切機床和金屬成型機床的產量不斷提升，但是反觀德國金切機床產值數位化率接近 90％，日本則接近 100％，這兩國生產的金切機床幾乎全部已經數位化了，相較之下，中國還有很大的進步空間。而中國為了能夠儘早躋身於世界已開發國家之林，工業製造程序全面自動化，當然也成為未來施政的指標之一。這也是為何該產業持續受到中國政府青睞的原因；當然在政策加持之下，相關產業的未來，自是榮景可期！

另外，中國數位控制金屬切削機床的產量，在 2012 年，也呈現爆炸性的成長，增長比率達到 66.71％。而在過去 10 年裡，台灣的數控金屬切削機床產量年均復合增長率也只有 31.93％，由此可見，中國在這方面有

中國數位機床產值佔機床總產值中的比重成長圖

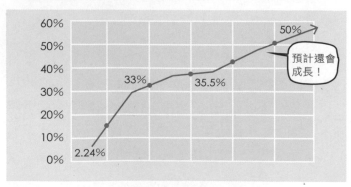

※ 資料來源：中國證券網

迎頭趕上之企圖。而從 2010 年以來的成長數據，也意味著數控金屬切削機床的發展已經步入新的階段。

Q IMC 在中國的未來，巴菲特看好什麼？

A 根據巴菲特看好 IMC 在中國，有機會成為寡佔型的龍頭企業！原因如下：

一、中國同時是世界第一大機床消費國與進口國。 中國自 2002 年以來，成為世界第一大機床消費國，同時也是第一大機床進口國，雖然國產機床有長足進步，但是大量機床需要進口，尤其是對中高階機床的依賴性，仍舊相當高！以 2010 年的進口額為例，中國金屬加工機床進口額達到 94.1 億美元，是進口額第 2 名，也是美國的 4.3 倍；中國機床淨進口額達到 75.6 億美元，同比增長高達到 67.1%，是美國淨進口額的 10 倍多。

二、中國境內缺乏中高階機床企業。 機床進口的需求這麼高，可是，目前在中國境內，以生產傳統式壓力機這類低階產品的小型企業，仍然佔有絕大多數；大型的金屬成形機床企業則是寥寥無幾。而就該領域的產值相比，中國和全球的龍頭企業，更是相差十萬八千里！目前全球規模最大的企業是德國通快和日本天田，在 2009 年的收入分別達到 24.4 億美元和 22.6 億美元，反觀中國的龍頭企業瀋陽機床，卻僅有 59 億元人民幣，約合 9 億美元，相差何只倍蓰。目前在中國仍有多數小型企業，以生產傳統壓力機為主，不只市場競爭激烈，更是缺乏利潤空間。

三、製造業產業升級，有政策加持。 由 中國工信部 編製的《高端裝備製造業「十二五」規劃》的目標顯示，到 2015 年高階裝備的銷售產值，佔裝備製造業的比例

觀念速解

中國工信部

全名為「中華人民共和國工業和信息化部」，是在原信息產業部、國防科工委的基礎上，於 2008 年 3 月根據第十一屆全國人民代表大會第一次會議的決議設立的。工業和信息化部作為行業管理部門，主要是管規劃、管政策、管標準，指導行業發展，但不干預企業生產經營活動。

將達 20％以上，年銷售產值預計達到人民幣 6 萬億元。目標定得這麼高，自然也需要政策拉抬了。

巴菲特 4 大投資心法＋ 5 大獲利能力指標，讓你輕鬆找優質股

（Q）綜觀巴菲特在中國的三大投資，他的投資心法是什麼呢？

（A）雖然股價每日都會變動，也或許巴菲特的這兩筆投資績效——比亞迪及 IMC 大連公司已經不如以往那麼亮麗，但是據瞭解，截至目前為止，巴菲特尚未出清持股，依舊還是這兩間企業的大股東。

針對巴菲特在中國的投資，包含中石油、比亞迪和 IMC 都同時擁有下面幾項特點，可以作為投資人未來在「錢」進中國時的參考：

一、資源寡佔或是壟斷型的行業。像是道路、橋樑、煤炭、電力等資源壟斷型，或者是跟民生物資、基礎建設有關的企業，都是巴菲特相當青睞的類型。例如前面提到過的中石油，經營的主業是石油與天然氣；比亞迪擁有電池和油電雙模車，甚至還投資太陽能產業；IMC 則是金屬切割工具的產業，未來有機會成為中國金屬切割產業的龍頭企業。這些都是屬於這一類型的產業。

二、生意不熟不做。選擇自己瞭解的行業，因為瞭解，所以才看得到未來的願景。而且以巴菲特的投資習慣，他必定是看完財務報表才會投入資金，充分瞭解這間企業的收入來源是什麼？最大的風險為何？絕不是盲從躁進，更不可能去追捧高價股。這個邏輯，跟巴菲特向來不投資不懂的高科技業相符合。

三、長期投資，以免利潤被稀釋。巴菲特對於自己所投

資的公司，都相當有自信，絕對不短進短出，持有期間都很長，如果中石油還掛在 H 股的話，也許巴菲特會像抱著可口可樂的股票一樣，緊緊擁抱不放。尤其是在中國的市場中，炒短線的風氣更是盛行；不論是哪一種類型的產業（例如炒作普洱茶、房地產、烈酒等）還是金融市場（不管是股票還是基金），都有一窩蜂的習性，哪個產業好就一窩蜂地展店設廠，哪檔股票聽人說好壞，就追漲殺跌，在一來一往下，最後結算時會發現，其實根本沒賺到，甚至可能賠！因此巴菲特曾說過：「不要頻頻換手，直到有好的投資對象才出手。」

四、跟著國家政策走。 在中國仍是一黨獨大，不論政治和經濟都是黨說了算，因此所有的私人企業和國營企業都是跟著國家的腳步走。不論是哪一種產業還是金融市場，只要是搭上政策順風車的，產業未來看好，股價持續看漲；可是一旦和政策相左的，產業前景看淡，股價趨勢走跌，這在中國來說是投資的硬道理！

重點 ▶ 愛賺價差的投資人，在中國大玩追高殺低、殺進殺出，要注意，就像巴菲特常說的投資法則：小心利潤都被券商的手續費給稀釋了。

Q 有什麼比較簡單的方式，可以讓投資人辨別「好的投資對象」嗎？

A 在假設中國企業的財務報表是正確無誤、沒有作假的前提下，透過財務比率是最簡單不過的方式了。

簡單地說，「財務比率表」就是將財務報表上的某兩個、或兩個以上的數字，兩兩相除，就會得出一個數字，而這個數字，就是「財務比率」。投資人觀察 5 個財務比率構面，包含：獲利能力、經營能力、償債能力、

觀念速解

MoM

指月營收成長（衰退）率，意謂今年該月的營收金額與上個月或去年同一月份營收金額的成長（衰退）百分比率。計算公式：MoM =（該月的營收金額／上個月的營收金額或去年同一月份的營收金額 - 1）* 100%。正數為營收金額正成長，若負數表示衰退。

（見第 161 頁）

觀念速解

QoQ

指季營收成長（衰退）率，意謂今年該季的營收金額與上一季或去年同一季營收金額的成長（衰退）百分比率。計算公式：QoQ =（該季的營收金額／上一季的營收金額或去年同一季的營收金額 - 1）* 100%。正數為營收金額正成長，負數表示衰退。

現金流量和財務結構。而每一個構面，分別包含數個重要的財務比率數字。

但要特別注意的是，這些數字不是絕對的，並不是數字高低，就一定好或一定壞，它所呈現出來的意義，都是需要經過比較、判斷之後，才能變成決策上的依據。

至於比較方法有兩種：一種是「自己跟自己比」，另一種是「自己跟別人比」。「自己跟自己比」，就是把現在的經營狀況跟過去公司的經營狀況比較，例如：這有可能是跟公司上一個月（MoM，在大陸稱為「環比」）、上一季（QoQ），或是跟去年的同一個月比（YoY，在大陸稱為「同比」）。自己跟「別人」比，就是和經營業務相類似的同業，在一個時期做比較，這樣才有意義，也才看得出經營績效。

其中，獲利能力指標更是投資企業及分析其股票行情的重要指標之一。

> **重點** 透過審視財務比率數字的高低，使投資人可以快速瞭解公司過去的經營狀況。但面對百百種財務比率，投資人只要瞭解比較重要的財務比率就好。

Q 在選股時，第一優先會瞭解這間公司有沒有賺錢，有哪些指標可以幫助我們觀察獲利能力？

A 通常我們在看公司的財務報表時，會優先看看該公司的獲利狀況如何？又是賺多少錢？最常用的獲利能力指標有 5 大項，包括：「純益率」、「股東權益報酬率」（ROE）、「資產報酬率」（ROA）、「每股盈餘」（EPS）和「本益比」（P／B）等。

由於各公司的產能、價格策略以及產業特性都不相同，所以上述各項比率的高低值，並沒有一定的標準。

綜合判斷獲利能力的相關指標，我們可以看出：這家公司在所屬產業中，是不是利潤高的產業。一般位居產業龍頭的公司，上述的各項比率通常會比同業要好，股價自然也會較高。此外，在檢視獲利指標時，也不能單獨使用一個指標就判定一支個股的好壞，一定要多項指標同時搭配使用，才不會太過武斷！

Q 純益率是什麼？數字愈高愈好嗎？

A 講到純益率，要先從「稅後純益」開始看起！「稅後純益」就是公司在某一年度賺得的收益，再扣除應繳的所得稅之後，所剩下的利得。因此，對投資人與企業而言，這個數字當然是越高越好！

如果將「稅後純益」除以「銷貨淨額」，就是「純益率」。「純益率」指的是每銷售出去一塊錢的貨物，扣除稅收之後，能為公司帶來多少的收益，也就是「稅後純益」佔「本業營收淨額」的比值。一般的分析師很重視這個指標，因為從「純益率」高低，可以看出這家公司在本業經營上的能力，這個比值越高，表示公司越會賺錢。

舉例來說，如果某家公司上半年的純益率是 40％，代表每做成 100 元的生意，就可以淨賺 40 元，的確稱得上是很會賺錢的公司，股價就容易反應而上漲。

不過，不同產業有不同的標準，例如：電子業跟金融業的「純益率」就有所不同。即便同樣是電子產業，其中手機類股與筆記型電腦業，這兩種電子次產業的各項獲利能力指標，也有高低之分。因此，從「純益率」我們可以看出公司本業、業外及稅負支出之後的營運成果，它不只用來比較同一產業公司的競爭力，也可以用

觀念速解

YoY

指年營收成長（衰退）率，意謂今年全年度或至某一時點為止的營收額與去年同一期間營收金額的成長（衰退）百分比率。計算公式：YoY =（今年度總營收金額／去年度總營收金額 - 1）* 100%。正數為營收金額正成長，負數表示營收金額衰退。

來比較不同產業間的產業趨勢變化。

通常公司的純益率會在某個區間跳動，短期內不會有太大的變化，若有太大幅的變化，代表公司產品結構、價格政策、產業環境、成本費用控制能力、租稅負擔或景氣循環已發生改變。

 重點 純益率＝稅後損益／銷貨淨額，數值越高越好。

Q 從「稅後損益」衍生出「純益率」，那麼「稅後損益」還能延伸出什麼指標？

A 從「稅後損益」還能延伸出「股東權益報酬率」（ROE）這個指標，這也是股神華倫・巴菲特最愛用也最重視的選股指標之一。

將「稅後純益」除以「平均股東權益淨額」，得到的數據就是「股東權益報酬率」（ROE）。ROE 主要的意義是，公司在一段時間，總共從股東那裡取得多少資金？又利用這些資金因而幫股東賺了多少收益？簡單來說，就是股東平均每出一塊錢，可以賺多少錢回來？這個指標，通常用來比較同一產業公司間獲利能力，以及公司經營階層，為股東創造利潤能力的強弱，是非常重要的指標。巴菲特認為公司的 ROE 保持一定的高水準，也代表公司的高成長，因為股東權益會因公司獲利的累積而逐年增加，股東權益報酬率若保持不變，則代表獲利有等幅的成長。

在實際運用上，分析師以 ROE 選股時，要求的條件是 ROE ＞ 15%，才算是優質的公司！不過，因為「股東權益報酬率」（ROE）沒有考慮到公司財務槓桿的程度，例如：金融、證券及公用事業等，這些必需運用大量財務槓桿的行業，就不適合單獨只用 ROE 這項指標

來檢視，最好配合「總資產報酬率（ROA）」作輔助。

重點 ▶ 股東權益報酬率＝稅後損益／平均股東權益淨額，巴菲特及分析師以 ROE 選股時，要求的條件是 ROE ＞ 15%，才算是優質的公司！

檢視財務報表的 5 大獲利能力指標

Q 「資產報酬率」又代表什麼？為什麼要跟「股東權益報酬率」一起看？能有什麼端倪呢？

A 而「資產報酬率」（ROA）則在衡量公司是否充分利用公司的總資產，創造利潤。

姑且不論公司的資產來源，是因為舉債而來，或是來自於股東的資金；公司經營管理階層利用其所擁有的資產，去從事生產活動，在經營一段時間之後所獲得的報酬，便會出現在「稅後淨利」上；因此「資產報酬率」便在衡量公司的營運能力，因而讓整體資產產生多少報酬的一項指標。

由於公司運用財務槓桿的程度高低，對經營風險有

一定的影響，因此，這個指標可以用來評估高財務槓桿的產業，其運用資產的能力，例如：金融、證券及公用事業等。尤其 ROA 是業界應用最為廣泛的衡量銀行盈利能力的指標之一，ROA 指標越高，代表企業在增加收入和節約資金等方面，資產利用的效能良好，否則就是相反的情況。

因此，銀行監管人員在作盈利性分析和策略管理的時候，也關注這一指標。主要是將該指標與同組的銀行進行橫向比較，或者與該銀行的歷史狀況進行縱向比較。如果一家銀行的 ROA，在一個會計年度的前三個季度持續下降，而在第四個季度卻突然上升的時候，就必須檢視它的盈利性。因此，對於必須運用大量財務槓桿的行業，ROA 會相對較高，所以，投資人在實際運用上，最好和股東權益報酬率（ROE）搭配輔助檢視，才不容易顧此失彼，而導致判斷錯誤。

ROA 具有作為「評估高財務槓桿產業」的指標性

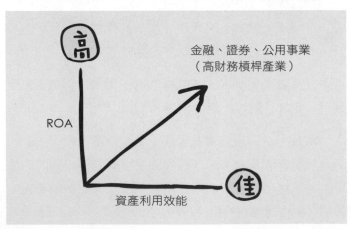

重點 ▶ 資產報酬率＝［稅後損益＋利息費用×（１－稅率）］／平均資產總額，是業界應用最為廣泛的衡

量銀行盈利能力的指標之一，*ROA* 指標越高代表企業資產利用的效能良好，但最好與 *ROE* 搭配檢視。

Q 老是聽到報紙分析說某某公司的 EPS 多少元，EPS 也是選股的重要指標嗎？

A 是的。對投資人和分析師來說，常會被審視用到的指標，通常會先看「每股盈餘」（EPS），再搭配其他的數據。「每股盈餘」是指公司經過一段時間，可能是一季或一年的經營後，每一股可以賺到的金額；金額越高，代表這家公司的獲利能力越好，將來分給股東的股利也可能越多，投資報酬增加，自然吸引更多潛在的投資人，來選擇這家公司的股票，股價因此就會上漲。相反地，EPS 越低就代表公司的獲利能力越差，能分給股東的紅利就有可能越少，也因為賺不到錢，很多投資人當然就不看好這檔股票，股價就不動如山或一路下滑。

重點 每股盈餘＝（稅後淨利－特別股股利）／加權平均已發行股數。金額越高，代表這家公司的獲利能力越好，將來分給股東的股利也可能越多。

Q 那「本益比」呢？這也是投資人和分析師常用的選股指標對不對？

A 原則上，EPS 通常用來比較公司本身的獲利變化，但由於會受到無償配股、現金增資及公司債轉換等因素，造成股本變化，因此，EPS 很少單獨使用。以目前的投資研究來說，大都是將 EPS 和股價相除，得到一個成為常用的評價指標，也就是「本益比」（P ／ E）。

「本益比」（P ／ E）中的「本」，是指股票的每股市價，也是投資人買進股票的成本；「益」是公司一年的每股稅後盈餘。因此，「本益比」（P ／ E）就是「每

股股價」除以「每股稅後盈餘」所得到的倍數，而這個指標，通常用來評估股價是便宜還是昂貴的數據！例如A公司股價15元，EPS是1元，因此A公司的本益比為15，表示A公司股票之市價是它EPS的15倍！

本益比除了可以評估個股，也可以評估個股在產業中的價值。例如：剛剛計算出A公司的本益比為15，假設A公司行業別本益比為10，所以A公司和產業中的相對本益比為1.5，表示A公司的本益比高出其行業別本益比50%。

一般而言，本益比在20倍內都還算不錯的股票，但是以分析師選股條件來說，會選擇本益比（P／E）在15倍以內的股票！

但是有兩種情況不適用本益比，一種是空頭時期，另一種是較有潛力、公司還處於高成長階段的股票。因為本益比（P／E）的分母為「每股盈餘」，在空頭時期很多產業根本賺不到錢，不見得有盈餘，甚至有可能會出現負數。另外，獲利率較高的，但成長較有潛力的產業，例如：電子產業在有創新產品推出時（像是從2007年開始推出iPhone手機的蘋果公司，當時獲利前景大被看好），因為投資人預期未來「每股盈餘」的獲利性，因此，即使公司眼前的EPS不夠好，但投資人仍寧願用更高的價格，去成為這家公司的股東。於是，會出現好長一段時間，P很大（就是用很高的市價），但E很小（目前公司的獲利還很少），也就是本益比很高的情況——那是期待未來分母的「每股盈餘」會變大變多，因此，投資人才會容忍較高的本益比。

重點 本益比＝股價／每股盈餘。一般選股會看本益比（P／E）＜15倍，但空頭不適用。

Q 除此之外，還有什麼要注意的指標嗎？

A 除了以上五個獲利能力指標外，還有一個要注意的地方，就是「股價淨值比」（P／B）。

股價淨值比（P／B）是指企業在特定時間點的股價，相對於最近季底每股淨值的比值。公式為：

> **股價淨值比（P／B）＝股票市價／每股淨值。**
>
> **其中，每股淨值＝（資產總額－負債總額）／發行股數。**

通常用這數字來評估一家公司市價和其帳面價值的距離。當投資者在股價淨值比低於 1 或 2 時買進股票，代表是以公司價值打折的情況下投資，但是因為公司會計政策的差異及資產真正出售時，價格可能不及帳面價值，因此，分析師會認為投資者以此比率分析，應保留一定水準的安全邊際，亦即股價應低於每股帳面價值某一比率，此時買進的風險會比較低，又或是說，未來可獲得報酬的幅度會比較大。

當企業營運不佳時，投資人不看好，股價淨值比（P／B）下滑，反之，營運成效良好，投資人有信心，股價淨值比（P／B）上漲，簡言之，股價淨值比（P／B）反應出投資人對於該股的信心指數，因此股價淨值比（P／B）也可說是各股的人氣指數。

對巴菲特而言，股價淨值比（P／B）＜ 2 更是他選股的三大要件之一。因此，總而言之，若要跟著巴菲特進前中國大陸股市的話，其選股的三大要件，就是：

> **1. 本益比（P／E）＜ 15 倍，空頭不適用。**
>
> **2. 股東權益報酬率（ROE）＞ 15%。**
>
> **3. 股價淨值比（P／B）＜ 2。**

摸清選股 5 大指標，學會巴菲特中國投資學

一進中國股市，成千上萬支股票選哪好？跟著巴菲特搞懂 5 個選股指標——ROE、ROA、EPS、P／E跟純益率，並帶入公式轉換成參考數值，包你選股快又準，別操心！

	指標 1	指標 2	指標 3	指標 4	指標 5
中文名稱	「純益率」，又稱「稅後淨利率」	「股東權益報酬率」，又稱為「淨值報酬率」	「資產報酬率」	「每股盈餘」	「本益比」
英文名稱	Net Profit Margin	ROE（Return on Equity）	ROA（Return on Asset）	EPS（Earnings Per Share）	P／E（Price Earning Ratio）
公式	純益率＝稅後損益／銷貨淨額	股東權益報酬率＝稅後損益／平均股東權益淨額	資產報酬率＝[稅後損益＋利息費用 X（1－稅率）]／平均資產總額	每股盈餘＝（稅後淨利－特別股股利）／加權平均已發行股數	本益比＝股價／每股盈餘
意義	1. 數值越高越好。 2. 可比較同一產業公司的競爭力。 3. 也可以比較不同產業間的趨勢變化。 4. 短期內不會有太大的變化。	1. 數值越高越好。 2. 股神華倫·巴菲特選股標準之一，（ROE）＞15%最佳。 3. 此數值代表公司經營階層為股東創造利潤的能力。 4. 應配合總資產報酬率 (ROA) 作輔助判斷。	1. 數值越高越好。 2. 針對金融、證券及公用事業等財務槓桿較大的行業。 3. 應以股東權益報酬率 (ROE) 作輔助。	1. 數值越高，公司獲利性愈高。 2. 此數值會因股本變動而影響。	1. 數值＜ 20 為良好。 2. 數值＜ 15 為分析師選股要件。 3. 評估股價是便宜還是昂貴的數據。 4. 空頭時期不適用 5. 具潛力的電子產業不一定適用。

吉姆 · 羅傑斯這樣投資，掌握中國潛力股商機

第3天　第2小時

想要前進中國，並非只有股市而已，投資大師吉姆 · 羅傑斯看準13億人口消耗物資的力量，將眼光放在民生物資——特別是原物料！更投入B股，從1999年入股市後，已漲10倍獲利，之後2005年再買長抱，至今有的已漲40倍！他是怎麼做到的？

單元重點

- 跟著吉姆 · 羅傑斯看中國潛力商機股
- 投資大師看好的中國投資標的有哪些？
- 公開吉姆 · 羅傑斯不敗的中國投資心法

跟著吉姆 · 羅傑斯看中國潛力商機股

Q 吉姆 · 羅傑斯（Jim Rogers）是誰？他是如何投資及進入中國市場？

A 吉姆 · 羅傑斯與投機大師索羅斯（George Soros）共創全球型投資合夥量子基金，吉姆 · 羅傑斯就負責研究的工作。在1970年代，標準普爾500指數的成長還不到50％，但是他們所成立的這個避險基金，績效是40倍！然後，羅傑斯在37歲時，決定退休。退休後的他也沒閒著，除了研究和投資之外，他在47歲時開始環遊世界，就是這個時候，他發現了正在崛起的中國——這個正在大興土木，使用大量原物料等資源的大國，讓他發現了金融市場之外的投資新領域——於是他開始大量布局原物料，往後原物料15年的多頭光景，更讓吉姆·羅傑斯聲名大噪、再創高績效、新紀錄！

　　吉姆 · 羅傑斯在中國買了三次股票，一次是1999年，第二次是2005年，第三次是2008年10月。尤其是1999年那次，他還特地去海通證券營業部開立了B

[emoji]

_— 170 —_

股帳戶。在大家不看好的情況下，B股連翻漲，讓吉姆‧羅傑斯獲得500%的利潤。

2005年，中國實施了一系列重要的金融改革：股權分置、匯率體制改革、利率市場化、國有商業銀行股改上市等。吉姆‧羅傑斯再次瞅準機會，大量買入中國B股，並在中國香港、新加坡和美國市場上買入中國公司的股票。這一年，中國的股市開始復甦，上證指數從2005年6月10日的998點一直漲至2007年10月16日最高的6124點，兩年漲了5倍，創出全球資本市場上罕見的頂牛行情，也為吉姆‧羅傑斯帶來了巨大的財富。根據了解，他在2005年買入的這些B股一直都沒有賣出，有的如今已經漲了40倍。而當初他所投資的B股包括：陸家B股（900932）、雙錢B股（900909）、張裕B股（200869）等，而且他最近還在媒體公開強調：未來30年他都不會出脫中國的持股。看好中國股市之未來發展，由此可見一斑。

吉姆‧羅傑斯錢進中國B股，大有斬獲

Q 吉姆‧羅傑斯到底看好中國的哪些消費潛力？他又怎麼瞭解中國人的消費習性，進而掌握中國原物料的多空趨勢呢？

A 中國擁有 13 億人口，這龐大的人群一睜眼、一開口、一活動，就是原物料消費與消耗的商機。根據中國國家統計局的統計數據來看，光是中國開始在世界頭角崢嶸的近十年初，也就是從 2003 年 4 月到 2004 年 4 月的一年裡，生產全面成長，成長率高達 19.4％。另外，中國的消費力也相當驚人——中國是「最大的銅消費國」、「最大的鋼鐵消費國」、「最大的鐵礦砂消費國」、「最大的黃豆消費國」以及「第二大的石油與能源產品消費國」，所以，銅、鋼、鐵、黃豆和石油就是中國五大原料必需品。

而由這些必需品，所衍生出來的需求，就是吉姆‧羅傑斯投資中國市場的心法——緊抓中國人一定會購買的必需品。

2013 年中國對主要國家和地區貨物進出口額

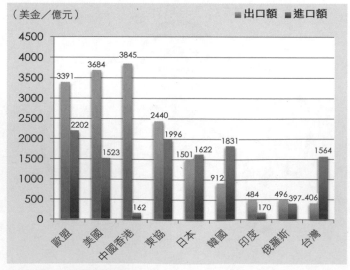

資料來源：中國國家統計局

2013 年中國對主要國家和地區貨物年增長比

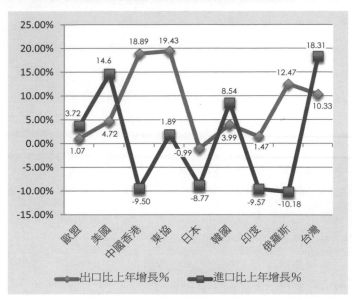

　　Q 到底有哪些必需品呢？這些必需品又代表哪些投資標的物呢？

　　A 這可以從日常生活觀察起：西風東漸，所以大多數的一線城市居民，也開始早起要喝「咖啡」、講究時髦的門窗，改用「鋁」製品、棉襖漸漸過氣，需要「羊毛」製品、人民變有錢，購買力提升，有車階級漸多，於是開車要用「石油」、工業蓬勃發展，所需要用到的「銅」，這些都是常見的原物料。

　　然而在中國，當這些日常用品供應量增加不多、或一時三刻供給沒有辦法趕上來，可是需求卻急劇增加，在此情況下，價格必然上漲。所以像是鎳、銅、石油、棉花等價格，才會在過去幾年節節上漲，而且漲幅驚人。

　　此外，中國正朝向工商社會發展，許多滄海變桑田、良田被夷平，積極變成各種工業開發特區，如此一來，農產品的供應來源，自然更加不足。可是，中國的人口

數，卻在全球居冠，這麼一來，竟然也讓糧食危機成為聯合國會議裡，專案討論的議題！

此外，當中國想要餵飽 13 億多的人口，需要有很多的雞鴨魚肉；這些雞鴨魚的飼料來源之一，主要就是玉米，這就表示中國需要更多的玉米飼料；於此同時，卻有科學家試驗成功，利用玉米開發出生質能源，用來替代傳統的油源等，這麼一來，玉米在多方殷切需求之下，價格要不上漲也難！接下來，中國本地產的黃豆量早已不敷使用，需要遠從巴西和澳洲進口黃豆，因為需求量很高，也拉高了黃豆的價格。而中國人民的經濟狀況普遍改善了，比較富裕的人們現在越來越愛吃甜食——像是糖果和其他糕點餅乾等——這也促使中國的砂糖進口量以三級跳的方式增加。

所以，就從供需問題來看中國，這幾年來，所謂聖嬰、反聖嬰的現象，讓地球氣候變得很異常，農作物歉收情況時有所聞，造成「黃小玉」——黃豆、小麥、玉米的價格飆升；「糖高宗」——糖價也上漲。這些最基本的原物料價格上漲會出現什麼問題？最大的問題，就是會衍生出通貨膨脹！

因此，投資人若想要錢進中國，除了關心中國當地的重要經濟數據之外，連上述提到的幾種國際間重要原物料的供需變化，也得要留心觀察，以免造成見樹不見林之憾。

重點 當這些日常用品供應量增加不多、或一時三刻供給沒有辦法趕上來，可是需求卻急劇增加，在此情況下，價格必然上漲。

投資大師看好的中國投資標的有哪些？

Q 先從中國進出口的數值，可以看出什麼商機嗎？

A 根據中國國家統計局的數據，2011 年中國對外進出口貿易的部分，全年貨物進出口總額 36421 億美元，比上年增長 22.5％。其中，出口 18986 億美元，增長 20.3％；進口 17435 億美元，增長 24.9％。進出口差額（出口減進口）1551 億美元，比前一年減少 264 億美元。之所以減少，跟國際間的不景氣大有關連。然而如果就更細部的資料來看，我們可以看到中國未來最夯的錢景在哪兒？

2011 年主要商品進口數量、金額及其增長速度

商品名稱	數量（萬噸）	比上年增長%	金額（億美元）	比上年增長%
穀物及穀物粉	545	-4.6	20	33.8
大豆	5264	-3.9	298	18.9
食用植物油	657	-4.4	77	28.0
鐵礦砂及其精礦	68608	10.9	1124	40.9
氧化鋁	188	-56.4	8	-48.1
煤	18240	10.8	209	23.6
原油	25378	6.0	1967	45.3
成品油	4060	10.1	327	45.5
初級形狀的塑料	2304	-3.7	472	8.3
紙漿	1445	27.1	119	35.3
鋼材	1558	-5.2	216	7.3
未鍛造的銅及銅材	407	-5.1	368	12.0

※ 資料來源：中國國家統計局

　　如果就相關的數據來剖析，中國全年能源消費總量高達 34.8 億噸標準煤，比前一年增長 7.0％；而就煤炭消費量來看，則是增長 9.7％；原油消費量增長 2.7％；

天然氣消費量增長 12.0％；電力消費量增長 11.7％。主要原材料消費中，鋼材消費量 8.4 億噸，增長 9.0％；精煉銅消費量 786 萬噸，增長 5.2％；電解鋁消費量 1724 萬噸，增長 12.1％；乙烯消費量 1528 萬噸，增長 7.5％；水泥消費量 20.7 億噸，增長 11.2％，從這些進口原物料的激增數字，就可以看到中國未來發展的面向；尤其在「十二五」重要的政策方向──城鎮化──的規劃之下，大量基礎建設的陸續開工，勢必更會助長這些原物料的消耗。

2011 年主要商品出口數量、金額及其增長速度

商品名稱	單位	數量	數量比上年增長%	金額（億美元）	金額比上年增長%
煤	萬噸	1466	-23.0	27	20.6
鋼材	萬噸	4888	14.9	513	39.2
紡織紗線、織物及製品	——	—	—	947	22.9
服裝及衣著附件	——	—	—	1532	18.3
鞋類	——	—	—	417	17.1
傢具及其零件	——	—	—	379	15.0
自動數據處理設備及其部件	萬台	183427	10.1	1763	7.5
手持或車載無線電話	萬台	87509	15.5	628	34.3
集裝箱	萬個	324	29.6	114	57.7
液晶顯示板	萬個	244141	8.5	295	11.5
汽車（包括整套散件）	萬輛	82	52.2	99	60.5

※ 資料來源：中國國家統計局

重點 ▶ 在十二五重要的政策方向——城鎮化——的規劃之下，大量基礎建設的陸續開工，勢必更會助長這些原物料的消耗。

Q 中國有 1/3 的石油是依賴進口，未來在數量龐大的基礎建設計畫中，油價的漲跌，對於中國經濟的發展，是不是特別重要？

A 吉姆‧羅傑斯第一個看好的，就是中國石油。石油價格走勢，向來是全世界各國矚目的焦點；主要是因為石油是推動工業生產的原動力。甚至可以說，缺少了石油這項重要的原物料，全球經濟的總產值，可能要下降一半甚至更多。

而這幾年油價的走勢變化也相當大，特別是在金融海嘯發生的那一年，油價可以從年初的美金 32 元左右，飆升到年中的 147 美元高點之後，又在同年的聖誕節前夕，因為發生金融海嘯，而跌回 33 美元！其波動之大，讓人瞠目結舌！而由於油價既是工業之母，也是百業製造的源頭，幾乎可以說，沒有一項行業的發展，是不會跟石油價格直接或間接的有所關連；而既然有所關連，就會影響到公司的成本收益結構，進而影響到該公司的市場價值，因此投資人得要關注原油價格變動的原因。

Q 石油價格變動，對哪些產業和類股影響最大？

A 當油價上漲時，以石油為主原料的石化業最先受到衝擊；此外，因塑膠、橡膠等產業的主要原料，是來自石油提煉的衍生物，也會因為油價的上漲，間接影響到原料成本。

上述的產業因為油價的上漲，而使得製造成本增加；而成本的增加，在其他條件不變的情況下，將使公司的

毛利大幅度的縮水。而如果這些產業裡的公司，不想要讓自己公司的獲利減少、而且他們又在市場上是屬於有定價能力的公司的話，那麼他們勢必會調漲所生產的成品售價，把油價上漲的壓力轉嫁給下游的消費者。

因為當產品價格調升之後，競爭力勢必減少；如果同業調幅相對較低，或者是該產品具有其他替代品的話，將會影響產品的銷售量，而使得該公司的獲利下降。而公司的獲利能力變差，每股盈餘（EPS）變少的情況之下，該公司的股價也會跟著下跌。而將這樣的變化情形推而廣之，如果一個國家有很多的股票上市公司，都對於石油價格變化相當敏感的話，就會因為石油價格的攀高，而造成股市的下跌。

 石化業、塑膠、橡膠等受石油價格波動，影響最劇！

Ⓠ 其它的原物料和農作物，又如何影響中國呢？

Ⓐ 吉姆・羅傑斯看好農產品最大的原因，就是「供需失衡」！亞洲有 30 億人口，光是中國就有 13 億人口，民以食為天，中國對糧食的需求是有增無減。另外，在工業化與都市化下，可耕地面積減少，氣候多變也影響收成，在供給趕不上需求的情況下，吉姆・羅傑斯認為，農產品至少還有 15 年多頭行情可期。

他認為大部分農產品價格，目前算是非常便宜，還有極大上漲空間；尤其是玉米、咖啡、棉花與蔗糖等經濟作物。特別是蔗糖價格在 2010 年大跌 30％之後，兩年內沒有明顯的反彈；由於蔗糖可以製造乙醇，可以當作是汽車的油料，相較於不斷創新高的油價，更凸顯蔗糖成為替代能源的優勢，上漲空間可期。

而中國大陸地大物博，也有很多原物料的產地；當原物料價格持續上漲時，中國也許會從原物料的消費大國，轉成原物料的供應大國也未可知。想要投資中國的投資朋友們，也可以多注意這個面向。

> **重點** 吉姆‧羅傑斯看好中國農產品因價格便宜，還有極大上漲空間；尤其是玉米、咖啡、棉花與蔗糖等經濟作物。特別是玉米及蔗糖更有替代能源的優勢，上漲空間可期。

Q 如果想觀察原物料的供需情形，該從哪裡著手呢？

A 原物料價格由供需的基本經濟原則決定，當供應和庫存充足時，價格會下跌；反之，需求增加時，則價格會上漲。如果看得出供需失衡，並且願意耐心等待的投資人，將有機會獲得甜美的報酬！

然而原物料種類超過一百種，從酒精、鋁、小麥到鋅都有，該怎麼選擇？事實上，最常交易的原物料遠比一百種少。但構成全球四大原物料指數的原物料，來自五個類別：包括能源、金屬、穀物與食物、纖維、以及牲口。

投資人可以從 CRB《原物料年鑑》報導就可以找到相關訊息，這是由不同政府與產業提出、涵蓋過去幾年與未來數月的供給資料與估計數字，包括詳細的歷史圖表，以及專文分析各種原物料與價格趨勢。

但若要分析供給和需求，可以從這裡下手：

一、供給： 在年鑑裡，整理出過去趨勢、目前庫存與供應有關的相關資訊。需要知道的資訊包括：全世界產量有多少？蘊藏量多少？產區是否穩定？目前庫存有多少？生產力如何？有新的供應能源嗎？有多少？開發與

中國未來 20 年將成為世界最大經濟體。投資人如果開始自己做功課，不妨從有興趣的著手。

生產要花多少錢？新供應源什麼時候會上市？等等。

二、需求：在年鑑裡有說明如何計算出用量？研究產業的銷售細節有哪些層面。需要知道的資訊包括：主要用途為何？有無替代品？有無新技術？……觀察的周期，有時候可能長達 10 年。

　　一般智庫都估計，大約在未來 20 年內，中國將會變成世界最大的經濟體；投資人如果開始自己做功課，可以從自己有興趣的資訊著手，就能掌握中國這條吞食世界巨龍的未來投資亮點在哪裡。

Ｑ 原物料商品的循環周期大約是多久？

Ａ 首先，每一種在市場有交易的原物料都需要時間尋找、生長、開採、生產與運輸，尤其能源產品與礦物，從探勘、實驗、製造到量產，有時甚至要花幾十年時間。例如：1968 年阿拉斯加發現油源礦藏，1969 年北海發現油源礦藏，但是，時隔 9 年，阿拉斯加石油才上市；較快的北海石油，也要歷時 8 年，才開始量產。至於牲畜，一頭公牛從牠在娘胎中到長成可以宰殺，要花兩年時間；咖啡樹要栽植 3 到 5 年才能結果。需要經年累月的特性，就是為什麼原物料在多頭市場時，可以暢旺很久；在空頭市場，一樣也是衰弱很久。

　　此外，還要明瞭影響原物料價格變化的因素有很多，例如：產能、產量、新能源探勘與能源蘊藏等問題，甚至連氣候也是很重要的因素！因為氣候因素可以影響到農產品的產量，甚至油量開採和供應。每一種有交易的商品都要花時間尋找、生產與運輸，能源產品和礦物的探勘與生產，甚至要花上好幾年的時間。吉姆·羅傑斯認為，在供需嚴重失衡的 21 世紀裡，原物料多頭與

空頭市場的平均周期，將會延長到 17 至 18 年左右。

> **重點** 在供需嚴重失衡的 21 世紀裡，原物料多頭與空頭市場的平均周期，將會延長到 17 至 18 年左右。

Q 如果我對於期貨市場完全不了解，有沒有比較安全的投資方式？

A 如果投資人無法自行投資原物料商品期貨，可以考慮投資農產品指數基金，或者能源及原物料相關類股。這在中國都有相關的商品可以留意。

Q 除原物料之外，對於中國的產業，哪些是吉姆‧羅傑斯認為可以投資的焦點？

A 吉姆羅傑斯 1988 年頭一次踏上中國，騎著機車卻沒有馬路，必須橫越沙漠；相隔 10 年後他在 1999 年回到中國，這次他看到高速公路。2004 年他攜家帶眷到了中國，更是大吃一驚——為了 2008 年奧運與 2010 年上海世界博覽會，全力衝刺基礎建設，這個新中國的樣貌，和他第一次踏上中國時的樣子，已經是截然不同了！

當中國變有錢了，也在經濟的快速成長之下，對於糧食和能源性的資源消耗量，必然會越來越可觀；因此，羅傑斯認為，關於自然資源、觀光、農產品及航空業是可以投資的標的；此外，除了有錢，中國還有閒——一年有兩次特殊的長假，出外旅遊的能力和條件也會越來越成熟，因此，和中國旅遊業相關的產業，包括觀光、交通和航空也是未來可以持續關注的焦點。

> **重點** 羅傑斯認為，關於自然資源、觀光、農產品及航空業是可以投資的標的；此外，投資農產品指數基金，或者能源及原物料相關類股可長期關注。

公開吉姆‧羅傑斯不敗的中國投資心法

Q 吉姆羅傑斯的投資心法是什麼？

A 精於投資的羅傑斯，讓自己在 37 歲時，就可以退休，所以他的某些投資觀念，是值得推崇的；特別是在投資中國的策略制定方面，更是值得參考。

一、選擇自己熟悉的標的。 在投資生涯中，羅傑斯坦承自己也曾犯過不少錯誤，主要原因是沒有做好功課；因此他建議投資人在資產配置時，應先熟悉自己的投資標的，並從錯誤中汲取教訓。

二、長期投資。 吉姆‧羅傑斯曾說：「一輩子只要擁有二十個良好的投資概念，並且集中投資，就足以賺取一生財富。」他自己奉行長線投資，所以，也建議投資人對於短期內的價格漲跌，不要太過於在意，應該放長線釣大魚；而投資的期限最好在 5 年以上。

三、要挑危機入市。 「每次我脫離群眾時，幾乎都賺大錢；脫離群眾，是找到新方向的方法。我一直宣揚商品與中國，每個人都說我瘋了，然而當你因為逆勢而行賺到一些錢之後，你就不再是瘋子！」這是吉姆‧羅傑斯曾經說過的話，而他可以獲得鉅富的最大原因就是：「用便宜的價格，購買物有所值的東西。」他永遠在市場上尋找價值被低估的資產。因此，他隨著景氣波動而周旋在股市和商品市場中，當商品價格已經跌到大蕭條以來，從來沒有見過的低點時，就是他行動的時刻！

四、降溫和回檔是循環的必經之路。 如果看到媒體大篇幅報導發現新的石油蘊藏，或是不斷有新的開採計畫，那麼石油將不再值錢；當風力發電設施變成是隨處可見的景象時，也代表廉價的電力出現了；當你發現原物料

的庫存不斷增加，那就表示沒人要使用或是食用。因此，當你的生活方式出現一系列的改變——根本的改變，就代表多頭市場結束了，你的資金也該撤退了。

五、股票與原物料價格走向，往往呈現負相關。當原物料價格勁揚，將提高上市公司的生產成本，毛利率降低，股價因此下跌；相反地，當原物料價格下跌，會降低上市公司的生產成本，提高毛利率，股價也因此上漲。即使股票和原物料價格在短期內落差不明顯，但從長期的走勢來看，二者多半是背道而行。因此，當股市飆漲時，商品市場會走跌；當商品牛市出現時，股市會走低。當股市大飆漲時，你也該快點從商品市場脫身了。

跟著吉姆‧羅傑斯學會觀察術，投資中國快狠準

觀察術 1／哪些代表中國驚人的消耗力。
1.「最大的銅消費國」
2.「最大的鋼鐵消費國」
3.「最大的鐵礦砂消費國」
4.「最大的黃豆消費國」
5.「第二大的石油與能源產品消費國」
觀察術 2／從中國 2014 年的報表數字，基礎建設是績優股。
像煤、煤炭、原油、天然氣、電力、鋼材、精煉銅、電解鋁、乙烯、水泥，進口數量全數比去年要多，顯見在「十二五」的規劃之下，中國的基礎建設勢必更會支持這些原料的消耗。
觀察術 3／中國還有哪些可以投資標的？
1. 石油、玉米、咖啡、棉花與蔗糖，未來有上漲空間。
2. 自然資源、觀光、農產品及航空業是可以投資的標的。
3. 交通和航空也是未來可以關注的焦點。
觀察術 4／公開吉姆‧羅傑斯的投資心法。
1. 選擇自己熟悉的標的。
2. 長期投資。
3. 危機入市。
4. 降溫和回檔是循環的必經之路。
5. 股票與原物料價格走向，往往呈現負相關。

看懂中國重要經濟數據，免做套牢族

想投資中國，就不能不知道中國的國家政策制定的方向，尤其是中國國家統計局在每月、每季、每年都會例行性的公布經濟數據，尤其是 GDP、CPI、PMI、PPI 等，還有工業生產指數及進出口總額，其背後所隱藏的龐大商機是什麼？只要掌握住便能在中國知所進退，賺到錢！

- 看懂 GDP、CPI、PMI 數字背後的投資必勝學
- 工業生產指數及進出口總額的投資端倪學

看懂 GDP「保八」政策，透視中國成長率有增無減

Q 「國內生產毛額」這個數據眾所皆知，但是它到底有何重要性？

A 我們常聽到的經濟成長率，就是從「國內生產毛額」這個數據增減比較出來的，在中國稱做「國內生產總值」。國內生產毛額（Gross Domestic Product，GDP），是指一個國家或地區，在一段特定時間（通常為一年）裡，生產的所有最終商品和服務的總市值。國內生產毛額的多寡，表示一國經濟規模的大小；而當年的 GDP 比較前一年 GDP 的增減率，就是「經濟成長率」；所以，GDP 是判斷經濟情勢的重要指標之一。

Q 那「國內生產毛額」跟「國民生產毛額」，只差一個字，意思就不同嗎？到底看哪一個才對呢？

A 的確，這是一個很容易混淆的經濟數據。所謂的「國民生產毛額」（Gross National Product，GNP），是指在「一定期間內」，由一個「國家」的所有人民——

包含這些國民在「全世界各個地區」——所生產出來，提供「最終用途」的商品與勞務之「市場總價值」。

因此，GDP 和 GNP 不同之處，就是 GDP 是以「國境」來區分；而 GNP 是以「國籍」來區分。也就是說，外籍勞工在我國境內工作，所創造出來的產值，不包含在我國「國民生產毛額」的計算中，但是卻包含在「國內生產毛額」；但如果是我國僑胞在海外工作，他的生產總值就包括在我國「國民生產毛額」中，但是卻不包含在「國內生產毛額」裡。

通常我們會比較重視 GDP 的數據，主要是因為，如果我們想要了解哪一個地區或國家值得投資，或者預估國際資金會流向哪一個地區去，就是要看該地區的 GDP 增減情形。試想，如果在一個城鄉差距很大的國家，我們想要瞭解這個鄉下地區是否有商機，是要比較這個鄉下地區 GDP 的數值增減情形，而不是看這一個鄉下地區 GNP 的增減狀況。有可能這個鄉下地區的人民，因為「境內」沒有太多工作機會，所以多半到外地工作；如此一來，這個鄉下地區的「GNP」成長率可能不錯，可是「GDP」就會因為當地缺乏工作機會，而不會有好的表現。

國內生產毛額的計算公式：
GDP ＝ C ＋ I ＋ G ＋ (X － M)
其中 C：代表消費、I：國內民間投資毛額、G：政府消費支出、X：出口、M：進口。

但通常投資人不會只看 GDP 算出來的數值，而是看本期 GDP 減去前期 GDP 後相比較的成長數值，這個稱之為「 經濟成長率 」。而這個數值及成長率的增減情形，直接代表了該經濟體在某一段時間景氣的好壞。

觀念速解

經濟成長率

一個國家的經濟成長率是用 GDP 來計算的，其公式為：經濟成長率＝（本期的 GDP － 前期的 GDP）／前期的 GDP × 100%。

如果景氣持續維持一段時間的榮景，而且 GDP 數值超乎預期，代表該經濟體前景看好；但是如果好過頭，則有可能發生景氣過熱現象。

中國ＧＤＰ走勢圖

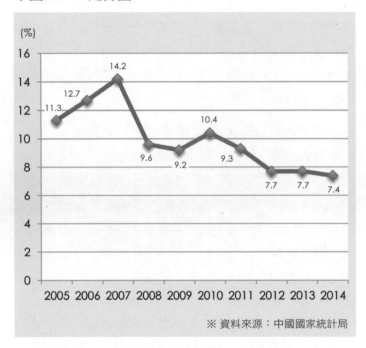

※ 資料來源：中國國家統計局

Q 投資人該怎麼看 GDP？它又會產生什麼影響？

A 以往，中國政府對 GDP 的成長數值，希望在 8％以上，因此，常會祭出一些政策，希望維持 GDP 經濟成長率逾 8％的目標，所以常聽到「保八」的稱號。2014年，中國國內生產總值 63 兆 6463 億人民幣（約 10 兆 2655 億美元），同比增長率 7.4％。

當 GDP 的數據不如預期，對股市和匯市是負面消息；對於債市，則極有可能是利多消息！因為股票市場的投資人會擔心經濟衰退，影響企業前景及未來的成長

觀念速解

同比增長率

是指和去年同期相比較的增長比值。其計算公式為：某個指標的同比率＝（本年的某個指標的值－去年同期某個指標的值）／去年同期某個指標的值。

性，此時股市就會有一波失望性的賣壓出現；匯市的部分，由於投資人會找尋更好的投資機會，造成國內資金外流；而本來想進入國內投資的外商，也會卻步，打退堂鼓，該國貨幣因此可能會貶值。

相反的，當 GDP 數據超乎預期，等於是有政府背書，替國家吸金，國內外投資人會爭先恐後進來投資，就會形成所謂股、匯雙漲，接著就會造成該國貨幣升值。

Q 以 GDP 的組成分子而言，每一個國家重視的發展方向不同，那中國又是什麼？

中國 2009 ～ 2014 年國內生產總值及經濟成長率

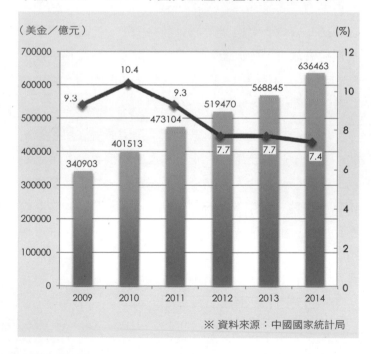

※ 資料來源：中國國家統計局

A 剛才提到 GDP 是由消費、國內民間投資毛額、政府消費支出、出口、進口等五個項目組成；但每個項目對於 GDP 的貢獻程度（所佔的比重）並不相同。以台

觀念速解

十二五規劃

中國大陸在 2010 年 10 月所召開第 17 屆五中全會,討論「十二五規劃」的編製,並於 2011 年 3 月的兩會中決定將「擴大內需」及「七大新興產業」做為調結構主軸。

灣來說,佔 GDP 比最高的是出口,一般高達七成,而美國則是以消費為重,大概有 2 / 3 的比重!在中國「十二五規劃」中,希望將消費的部分從 35% 左右提升至 45% 左右。在中國人變有錢,國家又鼓勵民眾消費的同時,不免擔心會產生通貨膨脹,而這個數值也是中國政府相當重視的一個數據!

當心中國 CPI 消費者物價指數 > 2%,通貨膨脹來臨

(Q) 如果中國 GDP 政策,改以消費為中心,還有哪個指標可以作為參考依據?

(A) 消費者物價指數(Consumer Price Index, CPI),在中國又稱做「全國居民消費價格指數」,這個指數是從消費者的立場,去衡量市場上財貨與勞務價格如何變動的一個指標。通常各國政府因為國情的不同,該指數涵蓋的範圍也會有所差異。

以中國來說,這個指數包括:全國城鄉居民生活消費的食品、菸酒及用品、衣著、家庭設備用品及維修服務、醫療保健和個人用品、交通和通信、娛樂教育文化用品及服務、居住等八大類,262 個基本分類的商品與服務價格,數據統計擴及全國 31 省(區、市),500 個市縣,6.3 萬個價格調查點,調查分布於食品與雜貨店、超市、便利商店、專業市場、專賣店、衣貿市場、百貨公司、購物中心及服務消費單位等。

由於中國不再是又窮又落後的國家,因此消費習慣造就的不是只以吃飯為主,中國老百姓的生活支出結構早就改變了,以買屋、買車和醫療為三大主要支出!

中國從 2011 年 1 月起,「CPI」的計算以 2010 年

為對比基期的價格指數序列，這是自 2001 年計算 CPI 定基價格指數以來，第二次進行基期例行更換；首輪基期為 2000 年，第二輪基期為 2005 年。調整基期是為了容易比較，因為對比基期越久，被定義用來比較的規格品價格變化就越大，可比性就會下降。至於選擇每 5 年做為計算 CPI 的對比基期，是為了配合中國的 5 年規劃，與之保持相同周期，方便數據統計。

Q 根據物價指數的變化，是不是也能判斷民眾的經濟能力？

A 是的。由於這個指標涵蓋的內容，都是民眾的日常生活所需，大多是家庭日常必需品，因此，該指數的變化程度，成為衡量物價膨脹率高低的主要指標之一。

　　對大多數的國家而言，通常「消費者物價指數」超過 3％ 的變動幅度，會被視為是「通貨膨脹」；一旦超過 5％，則會被認為是「惡性通膨」。至於介在 3％ 或 5％ 之間的國家，其情況如何？則會因為各國經濟條件及背景而有所不同。例如：當美國某一段時間的 CPI 超過 3％，聯準會 可能就會調升利率；但是對巴西而言，3％ 的 CPI 卻是在容許的範圍之內。

　　此外，如果各項原物料價格持續上漲，「消費者物價指數」的年增率會比去年同期的數據高。例如：從 2009 年下半年，國際原油及原物料價格持續走揚，部分國家 CPI 超出可容許的範圍，而採取升息的政策。中國也是因為黃豆、小麥、玉米價格不斷的攀高，豬肉價格飆漲接近六成，CPI 大於 2％，超過中國的忍受範圍，因此實施「貨幣緊縮政策」。所以，投資人在解讀運用 CPI 時，要記得因時因地制宜。

觀念速解

聯準會

聯邦準備理事會（The Federal Reserve System），簡寫成「The Fed」，中文簡稱為「聯準會」，是美國的中央銀行。聯準會由位於華盛頓特區的中央管理委員會，及全美國 12 家主要城市的地區性聯邦儲備銀行所組成。由於美國景氣好壞對全球經濟有極深遠影響，所以聯準會的貨幣政策，受到全世界金融市場的密切關注。

Q 那「消費者物價指數」又會對股市及投資市場帶來什麼影響呢？

A 「消費者物價指數（CPI）」的重要性，在於可以透過觀察其波動程度的大小，進而瞭解目前投資市場會否因為處於「通膨隱憂」的階段。

　　因為 CPI 過高不是件好事，高速經濟成長率會拉高 CPI，但是一般平均工資的增長很難超過 3% 到 4%，一旦物價指數增加速度快過人民平均收入的增加速度，代表人民可花用的錢變少了！一旦政府認為「消費者物價指數」的變動幅度太大，已經讓人民感到相對貧窮的時候，勢必會以升息來遏止 CPI 的持續上漲，如此一來，資金出走，股市下跌，也是預料中的事。

2014 年中國居民消費價格比上年漲跌幅度

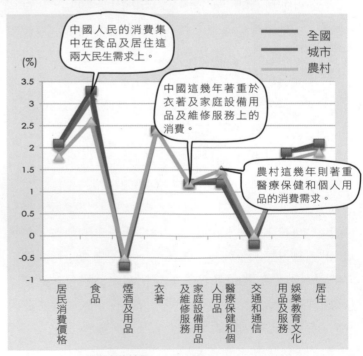

※ 資料來源：中國國家統計局

Q 除了 CPI 外，還有什麼數據也可以看出中國的通貨膨脹問題？

A 中國國家統計局公布，今（2015）年 5 月「非製造業採購經理人指數（PMI）」為 53.2，比上一個月（2015年 4 月）略為下降 0.2 個百分點，代表經濟有走緩的趨勢。

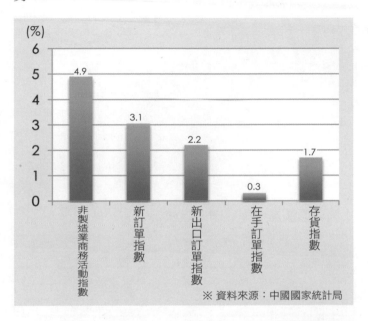

※ 資料來源：中國國家統計局

但甫於今（2015）年六月公布的 6 月中國製造業採購經理人指數（PMI）初值卻已經升至 49.6，雖然是連續第四個月位於榮枯線 50 之下，卻是近三個月來的高點，顯示大陸製造業在趨勢走緩之下，已慢慢有復甦跡象。

另外，根據路透社的報導，隨著大陸新訂單和產出指數雙雙回升，也帶動匯豐中國 6 月份製造業 PMI 指數初值向榮枯臨界點 50 靠近；2015 年 5 月的 PMI 終值為49.2。從幾個分項來看，6 月份的新訂單指數初值，已略見止跌回升的態勢，目前已經升高到 50.3，是近四個月來首度的擴張，顯示中國的內需情況已經有所改善。

2014 年中國非製造業採購經理人指數走勢圖

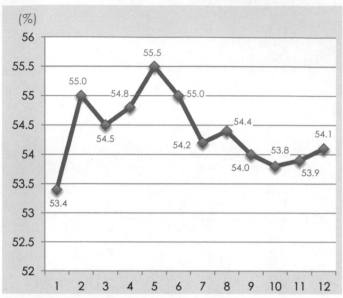

資料來源：中國國家統計局

中國非製造業採購經理人指數

指標	6 月	5 月	比上月增減
商務活動	53.8	53.2	0.6
新訂單	51.3	49.5	1.8
中間投入品價格	50.6	52.8	-2.2
銷售價格	48.7	50.4	-1.7
業務活動預期	59.7	60.1	-0.4

資料來源：中國國家統計局（資料時間：2015.06）

中間投入價格指數明顯減少 2.2％，反應近年來中國政府調整經濟所帶來的短暫衝擊。

Q 在物價指數中，還有聽到一個指數，叫做「生產者物價指數」，它又有甚麼意義？

A 生產者物價指數（Producer Price Index，PPI）是用來衡量生產者在生產過程中所需採購品的物價變動狀況；因此，這項指數包括了原物料、半成品和最終產品等三個生產階段的物價變動資訊。理論上來說，在生產過程中所有的生產成本，通常最後會反映到產品的價格上，轉嫁給消費者。因此，「生產者物價指數」的變動

情形，有助於預測未來的物價，所以，這項指標也普遍受到市場重視。

（Q）所以當 PPI 跟 CPI 都出現上揚時，對股市的影響是好？還是壞呢？

（A）既然「生產者物價指數（PPI）」和「消費者物價指數（CPI）」同為大家熟知的通膨衡量指標，長期來看，兩者相關程度很高；但從短期資料來看，CPI 與 PPI 卻可能出現很大差異。原因在於，CPI 統計的是一般消費者日常生活「必需品」的價格變化狀況，統計範圍包括「財貨」及「勞務」，但是 PPI 的編制資料，卻僅納入財貨，而且構成項目中，涵蓋了 CPI 中沒有計入的「資本設備」一項。

由於 PPI 資料公布時間早於 CPI，分析師會利用 PPI 裡最終產品的物價波動狀況，來預測 CPI 數據。此外，PPI 中，如果原物料以及半成品的價格上漲，商品恐怕也會跟著漲價，因此 PPI 也能用來預測未來的通膨狀況。

一般來說，較高的通貨膨脹率會使得股票及債券的實質收益下降，因為商品都變貴了，同樣金額的錢，可以買的數量變少了。因此 PPI 和 CPI 上揚，對於股市及固定收益市場如債券等金融商品而言，都不是好消息。

用 PMI、工業生產指數及進出口總額，觀測中國經濟體活動量

（Q）那在生產製造面上，有什麼數據可以成為投資人觀察股市的依據嗎？

（A）這裡可以觀察由美國 ISM 編製的「採購經理人指數」（Purchasing Managers 'Index，PMI）的數據。這

觀念速解

ISM

指美國供應管理協會（Institude Supply Management，ISM）每個月都會編製一次採購經理人指數（PMI，Purchasing Managers' Index）。由於 PMI 是一個舉足輕重的經濟指標，又因為這是 ISM 組織所公佈的，所以有時候我們也稱作「ISM 指數」。

其實是衡量美國製造業的體檢表，主要是衡量美國製造業在生產、新訂單、商品價格、客戶存貨、雇員、未完成訂單、供應商交貨速度、新出口訂單和進口等八個方面狀況的指數，是經濟先行指標中，一項非常重要的附屬指標，也是美國供應管理協會 ISM 商業報告中關於製造業的一個主要參數。後來，中國採購聯合會和中國國家統計局從 2005 年開始，共同發布中國 PMI 數據，共有 700 多家企業，針對 11 個分類指數接受調查。

中國製造業 PMI 指數的設計參考美國做法，共有 10 項指數構成：商務活動、新訂單、新出口訂單、積壓訂單、存貨、中間投入價格、收費價格、從業人員、供應商配送時間、業務活動預期。不過，和美國不同的是，中國沒有進口指數，因為中國在早期，絕大多數企業多數以出口為主，沒有進口活動；此外，中國增加了業務活動預期指數和收費價格指數，這樣既符合國際水準，也兼顧中國國情。

Q 怎麼透過 PMI 數值，得知中國的經濟發展情況及股市行情呢？

A PMI 指數對於政府部門、金融機構、投資公司，還是企業來說，在經濟預測與商業分析方面都有重要的意義。由於 PMI 指數是先行的指標，大約領先商業活動六個月以上；再者，PMI 與 GDP 也有高度相關性，但 PMI 的走勢同樣比 GDP 領先數個月，因此，PMI 數值常被拿來當作是產業的溫度計，用來分析各產業的趨勢及變化。透過 PMI 可以判斷行業供應及產業整體走勢，企業也可依此調整採購與價格策略。

PMI 指數的數值以 50 當作是榮枯分水線，當 PMI ＞ 50 時，代表經濟在發展；PMI 略 ＞ 50，說明經濟在

緩慢前進；當 PMI 指數越大，顯示經濟發展越強勢。
相反地，當 PMI < 50 時，代表經濟在衰退；PMI 略 <
50，說明經濟在慢慢走向衰退；PMI 指數越小，顯示經
濟衰退越快。換句話說，當 PMI 採購經理人指數 < 50
代表中國工業生產不佳，政府必須擴大政府支出，或是
央行降息；如果沒有如預期做出政策，股市就會有失望
性的賣壓，造成股市下跌！

中國製造業 PMI 指數

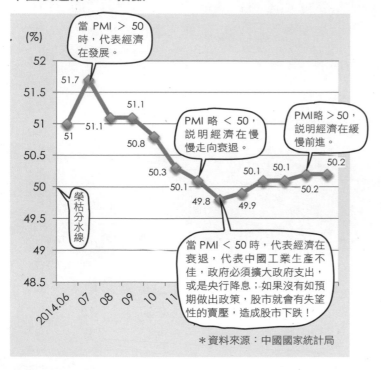

＊資料來源：中國國家統計局

(Q) 除了 PMI 之外，還有哪些數據也可以反映出中國製
造業的發展面相呢？

(A) 另外還可以觀察中國的「工業生產指數」（Industrial

Production Index，IPI）。

　　所謂的「工業生產指數」就是用加權算術平均數編製的工業產品實物量指數，普遍用來計算和反映工業發展速度的指標，也是景氣分析的首選指標。

　　工業生產指數是相對指標，衡量製造業、礦業與公共事業的實質產出，反映的是某一時期工業經濟的景氣狀況和發展趨勢。不過，這個指標衡量的基礎是數量，而非金額。由於工業生產指數，是以代表產品的生產量為基礎，用報告期除以基期取得產品產量的個別指數，再以工業增加值計算權重來加權計算總指數的。因此，在工業生產指數的計算中，產品增加值的計算，是權重計算的關鍵。

中國工業生產年增率

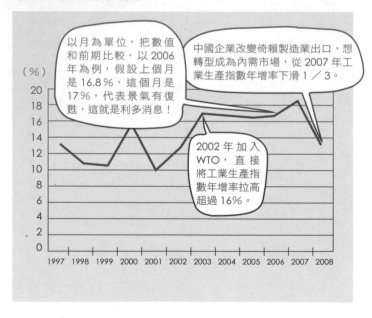

舉例來說，中國自改革開放以來，製造業增長速度領先全球，光是 1985 到 1996 年工業生產指數就增加了七倍，世界各大產業為利用中國低廉的工業成本，爭相前進設廠，之後中國更在 2002 年加入 WTO，直接將工業生產指數年增率拉高超過 16％！

不過，近年來，中國企圖改變倚賴製造業出口，想轉型成為內需市場，從 2007 年工業生產指數年增率下滑 1 ／ 3，就可想而知。在觀察工業生產指數時，要注意的是，它是相對性而非絕對性，把數值和前期比較，假設上個月是 10，這個月是 11，代表景氣有復甦，這就是利多消息！因此，工業生產指數必須和其他絕對指標結合起來觀察，才不會過於獨斷。

Q 在中國還未完全轉型成內需市場前，要怎麼觀察？

A 投資人可以觀察「進出口總額」這個數據。「進出口總額」（Total Export-import Volume）是指實際進出一國國境的貨物總金額，包括對外貿易實際進出口貨物，來料加工裝配進出口貨物，進料加工進出口貨物，邊境貿易進出口貨物，中外合資企業、中外合作經營企業、外商獨資經營企業進出口貨物和公用物品，到離岸價格，在規定限額以上的進出口貨樣和廣告品，以及其他進出口貨物等等。

由於中國長期追求經濟增長的高速度，成為世界工廠，貿易偏重於出口，連續 17 年貿易順差，雖然創造大量就業機會，但是過度依賴外需、順差規模過大、貿易摩擦增多，也是因此而衍生出的問題。

如果要觀察這個指標，同樣也是以前後期比較。例如：有某年的全年貨物進出口總額 36421 億美元，

觀念速解

WTO

全稱是世界貿易組織，它成立於 1995 年 1 月，是獨立於聯合國的永久性國際組織，總部設在日內瓦，現有成員 134 個，工作語言為英語、法語和西班牙語。與關稅及貿易總協定覆蓋的範圍相比，世貿組織在管理領域已從單純的貨物貿易擴大到包括知識產權、投資措施和服務貿易等。世貿組織具有獨立的法人地位，在調解成員爭端方面具有權威性和有效性。

比上年增長 22.5％。其中，出口 18986 億美元，增長 20.3％；進口 17435 億美元，增長 24.9％。進出口差額（出口減進口）1551 億美元，比上年減少 264 億美元。

由於中國也是以出口為主，如果連續三期都差，中國就會採取降息或是擴大政府支出，讓出口量增加！而進出口總額這個指標，還會影響到匯率這個部分，因為一旦人民幣升值，出口就不暢旺了，這負面消息一出，就會帶動股市賣壓，這也是中國不願意讓人民幣升值最大的原因！

值得注意的是，中國的貿易方式與結構正持續改善，例如中國將加大戰略性資源、能源、關鍵設備、關鍵部件、緊缺技術的進口，減少加工貿易部件組件、奢侈消費品等進口，發揮進口高、新技術，及其產品的技術加值效應，以調整中國經濟結構，希望在 2023 年前超過美國，成為世界第一大進口國以及全球最大的消費市場。

2014 年貨物進出口總額及其增長速度

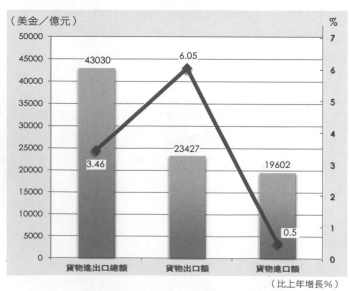

（比上年增長%）

2011～2014年貨物出口總額及其增長速度

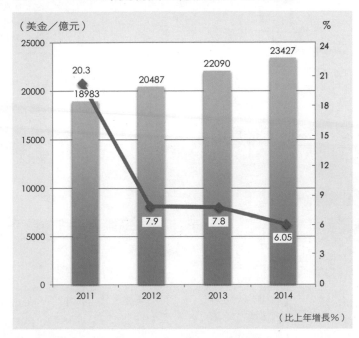

（比上年增長％）

2011～2014貨物進口總額及其增長速度

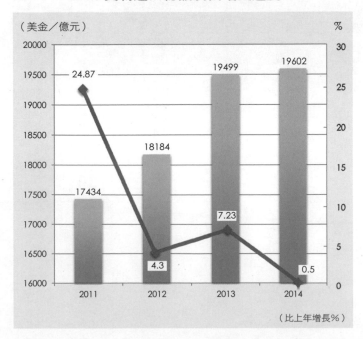

（比上年增長％）

教你 3 分鐘看懂中國大陸重要經濟數據

雖然前面教了一堆什麼是 GDP、CPI、IPI、PMI 及進出口總額？但是就是記不住，怎麼辦？沒關係，這裡幫你整理了速成表，馬上教會你看懂中國大陸重要的經濟數據，及隱藏的涵意，讓你馳騁中國股海或投資市場，無往不利！

一定要知道的 5 大中國國家經濟指數

指標名稱	指標英文	意義	重要性
國內生產毛額	Gross Domestic Product，GDP	1. 目標為 8%，是中國政府最在乎的經濟數據，也是判斷一國經濟情勢的重要指標之一。	落後指標
消費者物價指數	Consumer Price Index，CPI	1.CPI > 2%，表示有通膨疑慮，中國會實施緊縮的貨幣政策，例如：升息！	落後指標
工業生產指數	Industrial Production Index，IPI	1. 數值和前期比較。 2. 假設上個月是 10，這個月是 11，代表景氣復甦，視為利多消息。	落後指標
採購經理人指數	Purchasing Managers' Index，PMI	1.PMI < 50，代表中國工業生產不佳，政府必須擴大政府支出，或是央行降息，否則股市下跌！ 2.PMI > 50，代表中國工業生產蓬勃，利多消息，股市上漲。	領先指標
進出口總額	Total Export-import Volume	1. 數值和前期比較，如果連續三期都差，政府會降息或是擴大政府支出。 2. 影響進出口匯率，中國目前仍以出口為主，一旦人民幣升值，出口就將不暢旺。	領先指標

中國歷年來的重要經濟數據一覽表

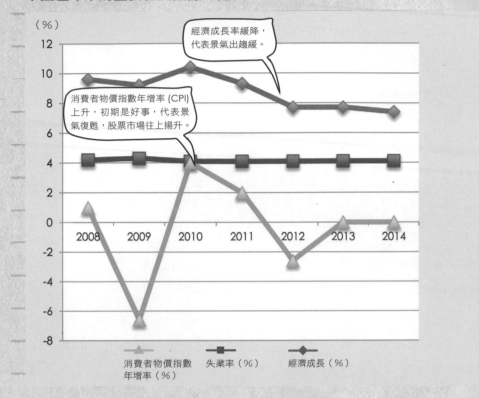

中國歷年來進出口貿易值

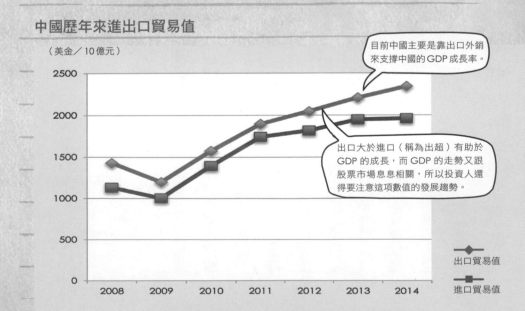

中國人民幣換美元走勢圖

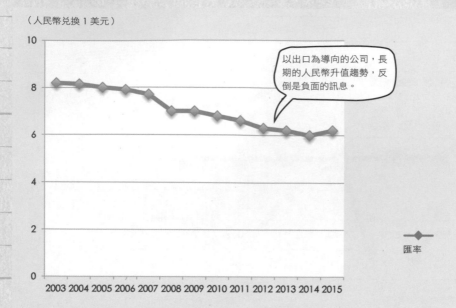

（人民幣兌換 1 美元）

以出口為導向的公司，長期的人民幣升值趨勢，反倒是負面的訊息。

匯率

中國大陸近年來國民生產毛額走勢圖

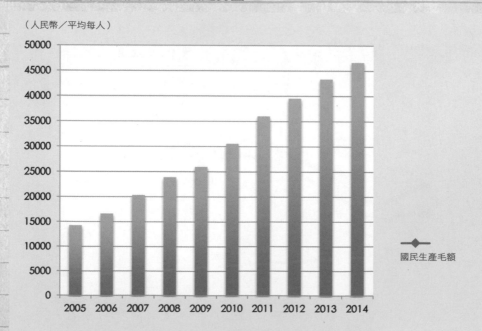

（人民幣／平均每人）

國民生產毛額

教你如何觀察中國政策訊息，免踩地雷區

中國大陸雖然經濟改革開放已有多年，但在政治體系上，依舊是共產主義。所以可別小看國家政策的實施，不但執行力一等一，更內含許多商機及地雷區，千萬要小心！

單元重點

- 小心！中國租稅優惠不再的影響投資面
- 注意！中國的環保及勞資意識抬頭
- 關注！打房效應帶來的波及面
- 留意！擴大內需刺激經濟政策

小心！中國租稅優惠不再，企業生存困難

 以往在中國大陸設廠的外資與台商，在人本主義抬頭之後，中小型的企業在對岸似乎越來越難生存？

🅐 20多年前，台商西進中國大陸最主要的原因，就是廉價的勞工和土地成本，再加上台商俗稱「兩免三減半」的低稅率優惠、再投資退稅、股利分配免稅等租稅減免措施，使得台商像是過江之鯽，紛紛游進了中國大陸。

不過，租稅減免的好康逐步取消了，稅制從原本15％到33％的區間，調整為單一稅率25％，讓很多廠商頭痛不已。

尤其是中國大陸在2008年實施新版企業所得稅法，也就是外界俗稱的「兩稅合一」。它主要是針對內、外資企業的所得稅率，以及優惠政策兩方面做些調整。除了所得稅率統一為25％之外，外資股利匯出的部分，從免扣繳變成扣繳10％，港資則是扣繳5％、新加坡籍企業則是扣繳7％。至於稅率尚有優惠的部分，以往是以

區域為主，現在轉為產業型態為主；不符合重點產業型態的企業，就會面臨被輔導或是遷廠了。

　　雖然新稅制實施之初，有 5 年調整期，但是投資的租稅減免期限，直到 2013 年後也會終止。往後廠商新增的投資，會因為優惠被取消，導致生產成本增加，對於營運不善的產業或企業，將更是雪上加霜，越來越難生存。

重點 在中國尋求轉型之後，大幅刪減租稅優惠。尤其是一般外資企業稅制從 15% 到 33%，一律調整為 25%。

Q 新制上路之後，有哪些產業還能夠享有租稅優惠？

A 為了配合中國大陸的產業、及區域發展政策，新版企業所得稅法之優惠，轉為注重產業提升與發展。主要優惠措施為，符合條件的技術轉讓所得免徵、減徵企業所得稅，因此某些產業還是享有租稅優惠；尤其是高新技術產業、公共基礎建設產業、環保節能產業等等，都是優惠對象。

　　此外，企業投資中西部、東北地區，仍可享有租稅減免。對於國家重點扶持的高新技術產業，享有 15% 的稅率。符合條件的小型微利企業，採行 20% 的優惠稅率等。「三免三減半」租稅優惠對象，包含：企業投資於環保、節水節能、安全生產以及從事港口、碼頭、機場、電力、水利等國家重點扶持的公共基礎建設項目，都適用「三免三減半」的減稅優惠。

　　另外，企業開發新產品、新技術的研發費用，於應納稅所得額時加計扣除。創業投資、企業投資國家重點產業，可按投資額一定比例扣除應納稅所得額；甚至

購置國產設備的投資額，也可以按一定比例實行稅額抵免。而對投資人而言，只要掌握以上的租稅減免企業，少去沈重的稅金負擔，經營績效若不錯，便是一張績優股，建議可以考慮投資哦！

重點 中國大陸租稅優惠4大對象：1.租稅減免：企業投資中西部、東北地區。2.課徵15%：投資國家重點扶持的高新技術產業。3.課徵20%：符合條件的小型微利企業。4.「三免三減半」租稅優惠對象：企業投資於環保、節水節能、安全生產以及從事港口、碼頭、機場、電力、水利等國家重點扶持的公共基礎建設項目。

Q 在對岸的台商，需要負擔哪些當地的稅賦？

A 針對企業的減稅方式，依據其產業別、功能別、地區別、規模別而有所不同。一般來說，在大陸設立公司主要面臨的稅負，包括增值稅、企業所得稅、營業稅、城建稅、個人所得稅、房產稅、印花稅還有社會保險……，在兩稅合一之後，除了新的企業所得稅之外，對於增值稅、消費稅、營業稅等稅制，也有新的變革。

中國大陸現行稅收法律體系，大約有23個稅種，大致分為7大類：流轉稅類、資源稅類、所得稅類、特定目的稅類、財產和行為稅類、農業稅類以及關稅類。其中，適用於外商投資企業的稅種，最重要的約有15項：包括增值稅、消費稅、營業稅、資源稅，外商投資企業和外國企業所得稅、個人所得稅、土地增值稅、城市房地產稅、契稅、車船使用牌照稅、印花稅、屠宰稅、農業稅、牧業稅、關稅等15種。至於類似台灣開徵的證所稅，目前是沒有；而在大陸的證券交易稅則是以印花稅形式開徵。

中國對本國企業及外資和台商企業的繳稅內容

中國大陸稅收種類		中國本土企業應繳稅制	外資及台商企業應繳稅制	
流轉稅類	增值稅	V	V	
	消費稅	V	V	← 採新制
	營業稅	V	V	← 採新制
資源稅類	資源稅	V	V	
	城鎮土地使用稅	V		
所得稅類	企業所得稅類	V		
	外商投資企業和外國企業所得稅	V	V	← 採新制
	個人所得稅	V	V	
特定目的稅類	包括固定資產投資方向調節稅	V		
	筵席稅	V		
	城市維護建設稅	V		
	土地增值稅	V	V	
	耕地佔用稅	V		
財產和行為稅類	包括房產稅	V		
	城市房地產稅	V	V	
	車船使用稅	V		
	車船使用牌照稅	V	V	
	印花稅	V	V	← 內含中國大陸的證券交易稅
	屠宰稅	V	V	
	契稅	V	V	
農業稅類	農業稅	V	V	
	牧業稅	V	V	
關稅類	關稅	V	V	

Q 新稅法對企業有什麼影響？

A 所謂「上有政策，下有對策」，在新稅法正式上路之前，有些企業早有因應對策，例如：申請高新技術產

業執照、辦理再投資退稅、帳上盈餘加速匯出、將控股公司移至香港或新加坡等低稅率區。以台商為例，一般都會在第三地設立控股公司，再進行轉投資！通常這個第三地的控股公司，會有兩種型態：一種是具有真正的營運功能，費用進出都清清楚楚詳列紀載。另一種是費用調節、為節稅而生的功能，例如：把費用灌在稅率比較高的公司，減少帳上盈餘，以免多繳稅；把獲利做在不用繳稅、或是稅率較低的公司，同樣也能少繳點稅。

但是，中國官方也不是省油的燈！在政府打算調高外資企業稅率的同時，也加強避稅手法的查緝，政府要求提交在同一個企業集團內買賣往來的公平成交價（類似台灣的移轉訂價），萬一無法為其產生的利潤或虧損，提出合理解釋，就必須按照政府認定的利潤，加以補稅。

此外，中國大陸明顯不再歡迎有汙染的製造業，希望朝著第三產業邁進，因此，新稅法不再齊頭式地提租稅優惠，而中小型企業的成本勢必順勢提高。再者，新版勞動合同法的實施，造成工資連番上漲，企業必須提列高額退休金與保險金，也增加企業的人事負擔，如果企業無法提升管理品質、提高生產力、提高附加價值、提升自有品牌價值，那麼企業將無法獲得滿意的利潤；要不然，只能再往它處遷移，尋找更低廉的人力。

不只人事成本的問題，出口退稅率遭調降、土地使用稅率提高、出口企業須向海關繳納保證金等措施的施行，讓外資企業在中國大陸不再能夠享有昔日的好處，對企業的影響，自然是不在話下了。

重點 台商對中國大陸新稅制的因應辦法為：申請高新技術產業執照、辦理再投資退稅、帳上盈餘加速匯出、將控股公司移至香港或新加坡等低稅率區。

注意！中國的環保及勞資意識抬頭

(Q) 在稅制的認定上，是不是有時候也會因人而異？

(A) 由於大陸官方的裁量權很大，面對「認定」這種事，因人而異的事件也是層出不窮；尤其是醫療美容的產品，目前在大陸處於模糊的地帶，即使企業已經取得中國大陸藥監局（SFDA）核發的「醫療器材執照」，還是有可能在過海關時，被認定是「美容保養品」！

先前有家擁有「醫療器材執照」的台灣廠商，出口玻尿酸到中國大陸已經七次，卻在第八次時，在廣州海關被擋了下來，原因就是海關官員認為玻尿酸屬於「美容保養品」，不只當場被課 30％的消費稅，更慘的是，還溯及既往，先前進口七次的貨品全部都要補稅！

以大陸稅制來說，膠原蛋白針劑被視為美容保養品，意味要繳交 6.5％的關稅、17％營業稅，再加上 30％消費稅，等於被課徵超過 50％稅率！這就是人治的國家，國家說了算，再加上嚴格的執行力，讓很多企業對於官方的強大裁量權是頭痛不已，卻也無能為力。

(Q) 除了「稅」之外，中國大陸現在環保意識抬頭，這是不是也成了政府拿來制裁外資和台商的手腕？

(A) 「環保」這兩個字，的確是不少企業又愛又怕的兩個字！中國政府的「十二五規劃」，其中的一個產業重點就是「綠色經濟」。什麼是綠色經濟？說穿了，就是環保！

中國政府未來十年要的不只是民富國強，還要「退二進三」，也就是從第二產業的工業，轉型到第三產業的服務業！地方政府嚴查環保以及安全生產的條件，甚至還有「業績目標」，要這些環保安管不合官方規定的

觀念速解

SFDA

全名為「中國大陸食品藥品監督管理局」（State Food and Drug Administration），「SFDA」為簡稱，但在 2013 年 3 月份起，SFDA 被中國政府改為「國家食品藥品監督管理總局」（簡稱「中國食藥監 (CFDA)」，將統合食安辦、藥監、質檢、工商相應職責，對食品和藥品的生產、流通、消費環節進行無縫監管。

傾銷及
反傾銷

「傾銷」是指一國（地
區）的生產商或出口商
以低於其國內市場價
格，或低於成本價格將
其商品擠進另一國（地
區）的行為。受到傾銷
商品損害的進口國為此
採取的措施，稱之為「反
傾銷」。

工廠，一年倒閉千家，最明顯的例子，就是近年台資企業可成在大陸蘇州的「臭氣事件」！

可成蘇州廠因為「臭氣」而停工，造成台灣科技業人人自危，這不只是環保的問題，背後還有政治意義——中國與美國之爭。中國為了反制美國頻頻叫陣（不只在中國人民幣需要升值這個議題，還有其他商品被評為 傾銷 、甚至於連美國失業率高，都可以怪罪到中國），只好從全球市值第一的蘋果品牌（Apple Inc.）下手。而可成是蘋果的主要供應鏈之一，於是在中國官方「殺雞儆猴」的思維之下，竟接受遠在幾公里外的住戶說有臭味、然而比鄰而居的民眾聞不到氣味的檢舉事件，可成因此中箭落馬，被要求停工數月。消息一出，和蘋果有關的科技廠，人人自危，擔心自己就是下一個掃到颱風尾的倒楣鬼。

可成的案例不過是冰山一角，中國大陸也規定企業必須回收日光燈管，卻偏偏回收廠供不應求，沒空去清，即使工廠認真地回收了上千支、上萬支的燈管，送不進回收廠，恐怕還是得挨罰。

對於這些外資企業來說，即使工廠符合歐美的環保規定，但畢竟設廠在中國大陸，不只當地法規不得不遵守，尤其「環境汙染」的裁量權，有時候更是見仁見智，完全取決於政府與民眾的認定，事情就變得可大可小！這下子，企業不只得追捧地方父母官，恐怕連里長、社區管委會主委，都得上下好好打點了。

重點 中國政府未來 10 年發展「退二進三」，也就是從第二產業的工業，轉型到第三產業的服務業！同時，地方政府更嚴查企業的環保以及安全生產是否符合條件，為中國發展綠色經濟的要點。

外資企業投資環境愈加受限的因素

土地使用稅率提高

出口企業須向海關繳納保證金

環保意識抬頭

出口退稅率遭調降

「五年城鄉居民收入倍增」計畫

稅制認定因人而異

產業結構「退二進三」

人事成本問題

基本工資每年調幅至少要15%

？

地方上喊出「騰籠換鳥」口號

Q 只要政策一下，連家都得搬了？

A 這種情況並不奇怪，在 2008 年，中國大陸主辦奧運時，為了提高中國大陸在世界的形象，以「整頓市容」為由，在上海出沒的遊民和乞丐，一律被公安帶進收容所，直到奧運結束為止！

再來看到中國「十二五規劃」裡，產業結構「退二進三」，也就是說要以第三產業的服務業與金融業，替換掉第二產業的高耗能與汙染的製造業，不符合重點產業型態的企業，恐怕就得面臨遷廠的命運。為了要企業「自動走人」，地方政府會提出以地易地的條件，以吸引企業另起爐灶，地方上因此有著「騰籠換鳥」的口號；意思就是把地空出來，換別種合適的產業來發展，尤其是來不及轉型或是具有高汙染力的產業，就是第一個被要求搬遷的對象。

很多企業到大陸發展之初，當時都是黃土一片，空無一物，等到廠區蓋好了，員工人多了，周邊也開始發展了。小吃店、便利商店、民宅，圍著廠區逐漸成形，連大飯店也蓋在附近，爾後就形成了商圈，變成商業包圍工業的景象，最後，是商圈戰勝了廠區，有錢的乞丐趕走了廟公！抬出政策，地方官要你搬，你能不搬嗎？

重點 中國大陸追求產業轉型，因此，包括具有汙染力的產業在對岸將難以生存。

Q 中國大陸的工資節節上漲，是不是更加深了企業生存的困難？

A 中國要擺脫低廉人工，讓財富逐漸分配到大多數民眾身上，以縮短貧富差距，同時也縮短城鄉差距。在「十二五規劃」裡，「五年城鄉居民收入倍增」計畫，基本工資每年調幅至少要 15％，這個目標就是一個宣示，要讓世人知道，官方對於百姓的照顧有加；可這結果，就是厚此薄彼拿企業開刀，因為工資倍增，增加了企業的人事成本，對於口袋不夠深厚的中小企業來說，更是讓財務捉襟見肘。

有台資企業預估在 2015 年以後，中國大陸沿海的勞工薪資水準，將追上台灣！以前因為要節省成本，所以到中國大陸開疆闢土，但是在世界工廠扎根之後，面對轉型的中國，成本再也省不下來。眼看中國將成為世界市場，這塊大餅誰也不想縮手；單憑這一點，企業就不得不低頭，即使各項成本一再升高，也得繼續苦撐著。

重點 中國大陸勞工薪資每年以 15％增加，增加企業成本。

關注！打房效應帶來的波及面

(Q) 說到中國大陸的執行力，最叫台灣民眾印象深刻的，莫過於打房措施了。他們是如何執行的？

(A) 遏制投機炒房的最好途徑，就是使其無利可圖！中國大陸先是祭出限購令，接著再開徵房屋稅，以短期來看，的確收到打房效果，政策嚴格實行到北京曾經有一個月沒有房屋成交的紀錄，甚至連與房屋相關的行業，也受到牽連。

中國大陸在執行的房地產調控政策中，也就是俗稱的打房政策，第一波就是「限購令」。對於已經擁有兩戶及兩戶以上住房的本地戶籍居民，以及擁有一戶及一戶以上住房的境外人士，暫停購屋申請。執行限購令的城市包括：廈門、青島、濟南、長春、貴陽、石家莊、金華等 46 個城市，實施限購政策，當場讓房價和地產成交量應聲重挫！

中國大陸打房政策第二波，就是開徵「房產稅」。房產稅很類似台灣的房屋稅，一樣是每年徵收，稅率在千分之 4 到千分之 12 之間。對於企圖以囤屋賺取房價利潤的投資客來說，開徵房產稅，無疑是希望讓投資客無力負擔房產稅，而減少對房屋過度投資，抑制房價。此外，開徵房產稅也可以增加地方收入，更可以抑制房價！如果再加上「限貸令」，購買第二套房的頭期款提高到六成，貸款利率也提高為基準利率的 1.1 倍，當場讓房產投資氣氛崩盤。

(Q) 如此一來，不只投資客踢到鐵板，與房產有關的行業不也受害嗎？怎麼辦？

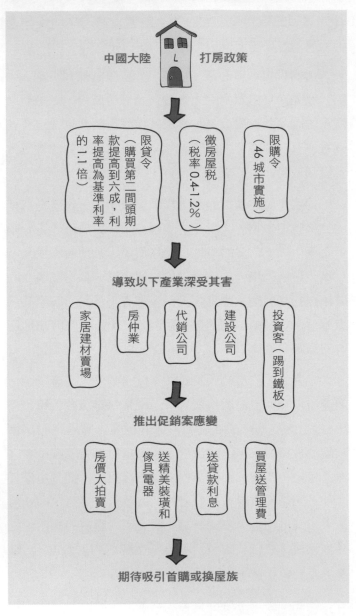

中國大陸打房效應及相關產業的應變

中國大陸 ∟ 打房政策

（政策）
限貸令（購買第二間頭期款提高到六成，利率提高為基準利率的一．二倍）
徵房屋稅（稅率 0.4-1.2%）
限購令（46 城市實施）

導致以下產業深受其害

家居建材賣場
房仲業
代銷公司
建設公司
投資客（踢到鐵板）

推出促銷案應變

房價大拍賣
送精美裝璜和傢具電器
送貸款利息
買屋送管理費

期待吸引首購或換屋族

Ⓐ 首當其衝的是建設公司、代銷公司，甚至連房仲業、家居建材賣場也身受其害！這些相關產業只能期待首購

族，或是換屋族。為求買氣，推出的促銷方案，包括：買屋送管理費、送貸款利息、送精裝修和傢具電器等；甚至還有房價大拍賣，每平方公尺降人民幣 2000 元以上等刺激房市消費的手法紛紛出爐。

不只建設公司慘兮兮，北京各類家居建材行業一年下來起碼倒了 12 家。在美國僅次於沃爾瑪的第 2 大零售商、全球最大家居建材超市「家得寶」，也無預警關閉中國大陸 7 家建材門市。甚至大陸的房屋仲介者估計有三成的小型房仲業，面臨倒閉。

留意！擴大內需刺激經濟政策

Ⓠ 除了干預之外，中國大陸也善於利用政策來救市，是不是？

Ⓐ 的確是如此。在 2008 年金融海嘯之際，中國大陸也是利用財政補貼的措施來擴大內需，刺激經濟。在全國方面，政府實施「家電下鄉」、「汽車下鄉」等政策，部分地方政府也實施消費券以刺激消費。從 2007 年 12 月，家電下鄉政策首次在山東、河南、四川、青島等地進行試點，農民購買家電產品可以獲得商品售價 13％的補助，限購的門檻從每戶每類商品限購一台，放寬為限購兩台；補助項目從電視、冰箱、洗衣機、手機等四種商品補助，擴大到機車、電腦、熱水器與空調。

汽車下鄉政策在 2009 年實施過，原本車輛購置稅率是 10％ ，但此政策針對排氣量 1.6 公升以下的轎車，徵收 5％的車輛購置稅；以低速貨車換購輕型載貨車或是購買排氣量 1.3 公升的轎車，政府補貼 5000 元人民幣；若是以報廢的三輪車換購，政府除了補貼人民幣 5000元，另外還有最高 3000 元的報廢補貼金。

Q 除了下鄉的政策，「鐵公基」是不是也是很好的救市良藥？

A 4兆人民幣的擴大內需方案，就是以興建鐵路、公路等基礎建設，俗稱「鐵公基」。中央政府撥出1.18兆人民幣，地方政府、國有企業和私有企業共同提供2.82兆人民幣，這樣龐大的金額用來加強基礎建設，以渡過金融海嘯的難關。

基礎建設的內容，包括：保障性安居工程，民生工程和農村基礎建設，社會市業的發展，節能減碳生態工程……等等。為了延續經濟復甦的力道，政府更鼓勵民間投資，除了推出一系列減免稅賦的優惠之外，也開放大陸民營企業投資金融、能源、鐵路、基礎建設以及醫療等五大壟斷產業，甚至連個人放貸業都破例允許了。

為了刺激經濟，中國的中央發改委可以在兩天之內批准25個鐵路軌道、13條公路建設、9個汙水處理、1個垃圾焚燒發電、和7個碼頭港航專案。像這樣的「鐵公基」專案涉及18個城市，鐵道8000億元人民幣，其他建設2000億元人民幣，總投入1兆人民幣，這個金額大約佔大陸GDP的2%，規模算是不小。但是政策的雷厲風行，不需要經過冗長的會議重複審議，就可以火速過關，足以看出黨的執行力！對投資人而言，這時不妨可以挑選建設相關股票，或債券、基金等，好好跟著政策賺一筆！

Q 這樣難道沒有後遺症嗎？

A 努力建設國家固然是好，不過，中國大陸的GDP超過五成是靠投資，在2009～2010年間大陸振興經濟，4兆元投資方向，大都投向「鐵公基」，雖然拉升了

GDP 數字，大陸股市也聞風上漲，不過，在貨幣寬鬆政策之下，不只地方政府舉債度日，也造成房價及物價上漲等後遺症。

　　中國大陸徹底的執行力，是歐美已發開國家做不到的，但是，中國大陸不斷擴大投資，產能急速擴充，在出口及內需成長同步趨緩下，各行各業產能過剩問題，或許將成為大陸經濟最大的隱憂。這點，也是想要投資中國的投資人，不得不提防的地方。

4 兆人民幣刺激中國內需的經濟方案措施

建設方案	建設重點	投入金額（人民幣）
加強建設保障性安居工程	廉租住房、棚戶區	4000 億
加快農村民生工程和農村基礎建設	農村水、電、天然氣、房舍	3700 億
加快鐵路公路機場等重大基礎設施建設	鐵路公路機場水利城市電網	1.5 兆
加快生態建設工程	節能減碳和生態建設工程	2100 億
加快文化事業發展	醫療、衛生、教育、文化	1500 億
加快產業結構調整	自主創新、技術改造投資等產業結構調整面相	3700 億
加快災後恢復重建事項	災後恢復重建投資	1 兆
企業減稅	全國各行各業實施增值稅轉型改革，鼓勵企業改造	1200 億
提高城鄉居民收入	提高城鄉居民收入	N/A
加強金融紓困	加強農村與中小企業金融支持	N/A

快速搞懂中國政策，教你避地雷找商機

中國大陸對於政策的執行力，向來是貫徹到底。不論是修改租稅制度、環保規章、勞資規定、打房措施，干預政策一公布，就會雷厲風行；同樣地，救市政策一出，一樣也是百分百的執行。

中國大陸大幅刪減租稅優惠

俗稱「兩免三減半」的租稅優惠為：低稅率優惠、再投資退稅、股利分配免稅，在中國尋求轉型之後，大幅刪減租稅優惠。

另外，一般外資企業稅制從 15% 到 33%，一律調整為 25%。

中國大陸租稅優惠對象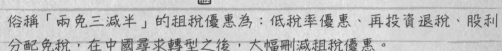

一、租稅減免：企業投資中西部、東北地區。

二、課徵 15%：投資國家重點扶持的高新技術產業。

三、課徵 20%：符合條件的小型微利企業。

四、「三免三減半」租稅優惠對象：企業投資於環保、節水節能、安全生產以及從事港口、碼頭、機場、電力、水利等國家重點扶持的公共基礎建設項目。

政策一條鞭的執行力，企業面臨難題

一、租稅問題：新版企業所得稅法之優惠，注重產業提升與發展，非政府提倡的產業，缺少租稅優惠，甚至面臨被遷廠的命運。

二、環保問題：中國大陸追求產業轉型，務求「退二進三」，因此，包括具有汙染力的產業在對岸將難以生存。

三、勞資問題：勞工薪資每年以 15% 增加，增加企業成本。

四、官方裁量權大，凡事官說了算。

中國大陸救市政策 👍

一、消費券：地方政府發放。

二、「家電下鄉」：全國性政策，購買家電有條件補貼措施。

三、「汽車下鄉」：全國性政策，購買汽車有條件補貼措施。

四、「鐵公基」：擴大政府支出，加強建設鐵路、公路、機場等基礎
　　工程。

港滬通全攻略

投資人不可不知的 賺錢新法

前面你學會了如何錢進中國，但如果對於大陸的「人市」色彩仍不放心，現在有新的選項就是透過滬港通一進可攻、退可守的方式，賺進香港和大陸的股票錢，行動前先花點時間瞭解這賺錢的新管道！

什麼是滬港通？

Q 上證指數何以可以跟經濟數據脫鉤，屢創驚奇？

A 雖然大陸近期的總體經濟數據普遍不如預期，連一向足以自豪的經濟成長率，也未能「保七」，跌破世人的眼鏡！甚至於近期市場原本大多數看好中國大陸 A 股會被納入國際指數編纂公司 MSCI 明晟新興市場指數，因為 A 股市場開放程度不夠，以及在配額、資本流動限制和股票實際權益擁有權等問題上，還沒能達到國際預期的水準，因而在 2015 年 6 月 9 日 MSCI 在公布年度市場分類審查結果中，中國大陸 A 股並未被納入新興市場指數。

以上種種，雖然都讓這個號稱世界第二大經濟體「落漆」，但是向來表彰經濟前景的股市，卻讓人不得不相信 —— 中國依然前景亮麗！看看最近這一年來，上海與深圳兩個交易所指數翻倍的表現，就知道資金充沛的中國，顛覆了很多傳統的投資或經濟學的理論！特別是在 2014 年 10 月推出的「滬港通」，讓覬覦前往中國的國際資金，有了一個「登堂入室」的機會，隨之而來的「一帶一路」、「深港通」等，勢必又將如捲起千堆雪般，吸引國際資金，蜂擁而至！加上中國官方的「慢牛」政策，目前（資料時間：2015.07.24）上證四千點的行情，普遍被認為不會是高點，看好的，甚至於認為還會再漲個五成！果真如此的話，跟中國如此靠近的台灣，自然不應錯過此波行情！

本書前面羅列了投資中國的許多基本概念，在增訂版中，我們將介紹帶領滬深指數屢創驚奇的「滬港通」、

以及未來「一帶一路」、「深港通」將會帶來什麼新的視野，以及投資方向。最重要的，當然是要如何搭上此波上漲的列車，幫自己的財富增值；我們將介紹目前在台灣，直接可用你原本的股票帳戶投資的 ETF，讓你不會跟財神爺擦身而過！

　　現在，就讓我們從什麼是「滬港通」說起！

 台灣與中國關係密切，中國股市好也會帶動台灣股市！

Ⓠ 什麼是「滬港通」？何以能門戶開放招財納資？

Ⓐ 「滬港通」的全名為「滬港股票市場交易互聯互通機制試點」（Shanghai-Hong Kong Stock Connect），原本規劃於 2014 年 10 月開通，但因為香港的「雨傘革命」，推遲於 2014 年 11 月 17 日才開通實施。這是中國當局，為了進一步促進中國內地與香港資本市場雙向交流，互相引資，而由中國證監會批覆滬港開展股票市場互聯互通機制 —— 也就是由上海證券交易所、香港交易所、中國證券登記結算有限責任公司及香港中央結算有限公司聯合開展的滬港股票市場交易互聯互通機制試點，簡稱為「滬港通」。

原先計畫總額度為 5500 億元人民幣，參與港股通個人投資者資金帳戶餘額，應不低於人民幣 50 萬元，使中國內地和香港投資人，可以透過當地證券公司或經紀商，買賣規定範圍內的對方交易所上市的股票。

換言之「滬港通」，讓所有的香港投資人與海外投資人，都可以透過這個機制，去買賣在上海聯交所上市的符合條件之股票。但是，只有中國大陸的法人與現金帳戶在五十萬人民幣以上的內地大散戶，才可以被允許買賣香港聯交所上市的股票。而香港證監會也同樣要求參與港股通的境內投資者，僅限於機構投資者及證券帳戶及資金帳戶資產合計不低於人民幣 50 萬元的個人投資者。

此外，也並不是所有在上海聯交所、或香港聯交所上市的股票，都可以被兩地的投資人交易買賣。

雖然「滬港通」對於參與對象，以及可以被投資的標的多所設限，但是中國開了這一道門之後，早已磨刀霍霍，準備「錢進」、「登陸」的國際資金，於是蜂擁而至！這沛然莫之能禦的錢潮，竟然能在短短不到半年的時間，讓滬深兩市以倍數翻漲（過去一年的高低點為 5023 及 2023）。截至六月中旬，上海股指雖然已經超過 5000 點，但是其上漲動能依然不虞匱乏！

重點 「滬港通」開放初期限制雖然比較多，卻意味著中國已對國際資金的態度，已經越來越開放！

Q 目前符合「滬港通」交易條件的股票有哪些？

A **滬股通**：只有在上海上市的 A 股被納入可以交易的標的。在香港及海外的投資人，將能夠在「上證 180 指數」和「上證 380 指數」的交易時間內，對其成分股進

行即時交易；另外，還有在上海證券交易所上市的 A＋H 股公司股票也可以交易買賣。但是被上交所實施風險警示的股票（即 ST 、 *ST 股票），則不被納入滬股通可以交易的股票；而以人民幣以外貨幣報價的股票（即 B 股），也不被納入滬股通股票。在 2014 年 11 月 17 日首日開通時，符合滬股通資格可以交易股票的標的共有 568 檔。

港股通：就是中國大陸內地投資人可以委託內地證券公司，經由上交所設立的證券交易服務公司，向港交所進行申報，買賣規定範圍內的港交所上市的股票。這些可以被交易的股票範圍包括：

> 1. 聯交所「恒生綜合大型股價指數」成份股
>
> 2.「恒生綜合中型股指數」成份股
>
> 3. 同時在港交所、上交所上市的 A+H 股公司股票

但是，同時在上交所以外的內地證券交易所和聯交所上市的股票不納入港股通股票交易範圍。另外，在聯交所以人民幣報價交易的股票也不被納入港股通範圍。而 A+H 股上市公司若其 A 股被上交所實施風險警示，則其相應的 H 股也不被納入港股通股票。2014 年 11 月 17 日，首日開通時，港股標的共 268 檔。

至於交易額度，也有設限。滬港通初期規定：每日跨境交易額度為滬股通 130 億元人民幣，港股通 105 億元人民幣；每年跨境交易總額度，則是港股通 2500 億元人民幣，滬股通 3000 億元人民幣。

觀念速解

ST 股

「ST」是英文「Special Treatment」縮寫，意即「特別處理」。該政策針對的對象是出現財務狀況或其他狀況異常的上市公司，並在簡稱前冠以「ST」，因此這類股票稱為「ST 股」，且日漲跌幅限制為 5%。

觀念速解

*ST 股

「*ST」是指由證券交易所對存在股票終止上市風險的公司股票交易實行「警示存在終止上市風險的特別處理」，是在原有「特別處理」基礎上增加的一種類別的特別處理，因此在其股票簡稱前冠以「*ST」字樣，以區別於其他股票，在交易方面，被實施下市風險警示處理的股票。

上海綜合指數

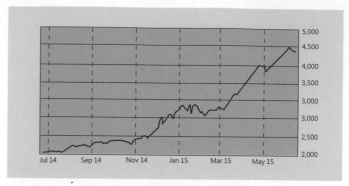

※ 資料來源：yahoo 奇摩（資料日期：2015.06.19）

RQFII

「人民幣合格境外機構投資者」，也就是在海外募集人民幣資金後再投資大陸股市。目前大陸只開放香港可申請RQFII資格，以利香港人民幣資金回流大陸。

　　就上述初期可交易的規模而言，「滬港通」雙向額度，遠比不上中國內地的 **QFII**（合格境外機構投資者）及 QDII（合格境內機構投資者）額度，其占香港股市與上海股市交易量及總市值的比重也相當微小。但是，在「滬港通」通聯交易機制建立之後，預計兩地主管機關將來的開放規模及項目，會逐步擴大，這將對香港及中國的資本市場產生量變與質變。甚至於「滬港通」之後，由於國際資金的流入，也可以讓中國改善其市場規範及交易體制，及早與國際資本市場接軌。2015 年 6 月未能納入 MSCI 新興市場指數的衝擊，相信可以加快中國金融改革的腳步。（資料來源：維基百科）

重點 大陸的投資方向跟政策緊密相關，所以跟著政策投資準沒錯！

Q 「滬港通」開放的額度並不多，為何如此重要？

A 雖然外界認為「滬港通」開放的額度，對於全世界「淹腳目」的熱錢來說，只不過是「一塊蛋糕」而已；但對於以往資金飽受箝制的大陸市場來說，「滬港通」

的確是給外界資金「登堂入室」、以及龐大的大陸資金向外輸出的好管道。金管會主委曾銘宗曾經表示，早期中國大陸向來都是資金的需求者，包括歐美、東南亞的資金都往大陸移動；但是最近這廿年來的發展，讓大陸經濟普遍上來之後，資金更加地充沛。然而在資金慢慢地「湧」出來之後，卻面臨投資標的有限，資金面臨沒有出口的窘境；過去是龐大的資金湧進房地產，引發炒房的風潮；現在則是跑到股市來。這也是近期香港、滬深股市大漲的因素之一，換句話說，大陸已從資金的需求者變成資金的供給者。

這個資金潮有多嚇人呢？根據新浪財經網的報導，滬深兩市量能的變化和相關數字變化令人驚歎！從 2014 年 12 月 5 日兩市成交總金額首度超過兆元（單位是人民幣，以下同），到 2015 年的 4 月 20 日上海單一市場成交金額首度超過兆元，再到五月兩市成交總量突破 2 兆元－換句話說，大陸股市用了不到半年的時間，就完成量能翻倍的驚人成果！

而 2015 年的五、六月，天氣熱，滬深兩市更熱！兩市的成交金額動輒突破人民幣 2 兆元（約新台幣 10 兆元），屢屢改寫全球股市新紀錄。這種單日總成交金額 ── 超過新台幣 10 兆元 ── 是怎樣的一筆天文數字？來跟台股成交量比較就知道了。根據金管會統計，台股去年全年成交量約有新台幣 46 兆元；如果以陸股目前單日成交量來看，陸股光是一周的成交量，就抵得上台股一整年了！如果是遇到台股量縮，只有 700 多億元的成交量的話，那麼人家一天的成交量，就超過我們家的一百倍了！

量增加了，股價肯定跟著飆漲。許多以往可稱得上

是跟資本市場八竿子打不到一塊的農民、工人，現在也開始變賣家產，將資金投入股市。根據大陸南華早報的報導，四月份曾經有單週新增 A 股開戶數，超過 325 萬戶，創下了歷史新高，是 2007 年大牛市單週最火爆月份的 3 倍還有餘；大陸 A 股賬戶數為 1 億 9890 萬，有超過 1 億中國人是股民。之所以有這種「一人一戶」的熱潮，是因為炒股賺錢的確太容易了！截至五月份的統計資料顯示，今年以來，陸股投資人平均每人獲利約人民幣 1.4 萬元。若按地區看，上海股民最賺，人均獲利人民幣 15.64 萬元，其次是北京的人民幣 8.02 萬元。細數過去這一年的大盤走勢，2014 年 5 月間上證指數只不過是在 2,000 點附近徘徊，接著股市開始因為滬港通而上漲至 2014 年底的 3,100 多點，漲幅已經達到 50％；今年的表現，更是跌破所有大陸大型券商的眼鏡，一路過關斬將，漲破五千點，還不見有停歇之勢！

有人就開始在問：A 股狂飆，部分個股的本益比甚至已經衝破 100 倍了，這還能再繼續漲嗎？還有最近大陸的經濟指標不好，滙豐公布的滙豐中國製造業採購經理人指數（PMI）已經連續三個月位於景氣榮枯線 50 之下；GDP 成長率也保不住百分之七，大陸經濟下行壓力仍在，連動經濟的股票，怎麼可能漲得動呢？

我們再回過頭來審視這一波上漲行情的啟動，其實是政策利多推升的結果，大陸央行不斷的實行寬鬆的貨幣政策，讓市場資金不虞匱乏。想要研判此波資金行情何時到頂？就得回歸到資金的來源－也就是來自於被動型資金（銀行體系），以及主動型基金（從房市移出來的資金），何時會再從股市流出去。但就目前的情勢看來，資金就此反轉的機率實在相當低－畢竟經濟情況不好，人行還是會繼續祭出降息等「穩增長」寬鬆政策；

未來降準、降息之後的資金行情，仍然可以期待。

再者，上證綜合指數自 2007 年 6,124 點下跌至
2000 點之下，現在反彈至 5000 點，漲幅雖然位居全球
第一，但是在資金潮未退去之前，預料陸股未來仍有上
漲空間。只不過因為漲多，震盪會加大，像是 5 月 28
日及 6 月 19 日兩次暴跌超過 6% 的情形，未來可能時不
時會出現，但就像大陸官媒新華網的發文，認為這是從
「瘋牛」向「慢牛」換檔的陣痛，表達中國官方只是不
希望股市過熱而已的立場，無礙於長多格局。更何況，
中國新推出來的「一帶一路」計畫，格局更大，大有搶
走美國獨霸全球風頭之勢，因此，當中國政府作多的立
場如此明確的情況之下，投資陸股的朋友可能要繫緊安
全帶了。

一帶一路，創富新絲路

Q 什麼是「一帶一路」，對投資又有什麼影響呢？

A 所謂的「一帶一路」（英語：One Belt And One Road，縮寫為 OBAOR；或稱為 One Belt One Road，縮寫為 OBOR；或稱 Belt And Road，縮寫為 BAR）是「絲綢之路經濟帶」（「一帶」）和「21 世紀海上絲綢之路」（「一路」）兩者簡稱的合稱，是由中國領導人習近平於 2013 年 9 月和 10 月分別提出的經濟合作概念，屬於跨國經濟帶。也成為本世紀中國對外的主要經濟戰略。（資料來源：維基百科）

然而所謂的「一帶一路」並不是一個實體和機制，而是一種合作發展的理念和倡議；借用古代「絲綢之路」的歷史符號，讓中國與有關國家和地區透過既有的雙多邊機制，發展與沿線國家和地區的經濟合作夥伴關係。

這「一帶一路」的計畫，包含有：「中蒙俄、新亞歐大陸橋、中國－中亞－西亞、中國－中南半島、中巴、孟中印緬」六大經濟走廊建設；這一跨國規劃涉及 60 個國家、包括煤氣、礦產、電力、電信、基礎設施、農業等總量超過 900 個投資項目，投資資金超過 8,900 億美元。這筆天文數字，除了亞洲基礎設施投資銀行（亞投行）和絲路基金將提供資金支持，國開行則預定投資將近 1 兆美元。中國國家主席習近平看好「新絲路」，預期在未來 10 年內，將讓中國的經濟翻倍成長。他也預期，在未來 10 年內，一帶一路將會創造出約 2.5 兆美元的附加價值，也將推動亞歐互聯互通產業合作，促成利益融合的亞歐經貿開放大市場。而對於中國的商機，

則從基礎建設、交通運輸、鋼鐵水泥、機械設備、能源
建設、到商貿旅遊等內需市場，將會有明顯地成長。

※ 資料來源：瀚亞投信

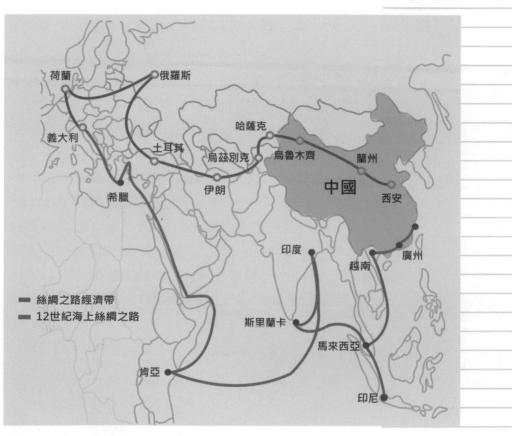

重點 透過促進亞歐跨國經濟合作的方式，進一步提
升中國經濟發展。

投資陸股 ETF，參與中國多頭行情

攻略 3

Q 要如何參與中國這波多頭行情呢？

A 投資陸股 ETF 就可輕鬆參與中國多頭行情。雖然中國近期的經濟數據表現不佳，但這是中國為了要讓經濟動能從過去的高度依賴投資和出口，轉向由消費帶動，這種結構性的改變，所必須經歷的陣痛期。然而陸股在政策明顯作多的情況下，仍有行情可期，但投資人需審慎選擇類股。未來陸股的漲勢如何，首要觀察的重點，在於中國人行是否進一步降息，繼續寬鬆的貨幣政策；還有企業獲利，能否繼續維持成長。雖然 A 股目前的本益比近 13-15 倍，但是比起過去瘋狂時期的 60 倍，仍然在可以接受的範圍。陸股 2014 年漲幅較多的，是中小型股，接下來看好的，是獲利較為穩健的大型類股。而根據前面所分析的，未來投資陸股的方向，可留意「新

投資陸股 ETF，參與中國的上漲行情

沒時間研究陸股

那就選陸股相關的 ETF 吧！

good idea！

經濟」題材，包括醫療、醫藥、環保、基礎建設、網通、軟體服務，或國企改革企業，及電子商務、物流等新興市場明星。大陸股市傳產金融已有沒落的趨勢；觀察去年大陸上證指數與深圳指數成分股的表現，漲幅最大的類股是軟體服務業，漲幅超過 200% 以上的產業，則集中在軟體服務、空氣淨化、網路遊戲、消費電子……等新興產業。未來投資大陸要挑對產業、選對個股，才能有較好的報酬。

　　而如果投資朋友在短期內，還沒有太多時間投入研究陸股的基本面時，可以投資陸股相關的 ETF，來參與中國的上漲行情。目前在國內台灣證券交易所掛牌，直接可以透過你原有的證券帳戶，就可以交易買賣的，與中國股市漲跌有關的 ETF，一共有 13 檔（截至 2015/6/22），如下表所示：

ETF 股票代號	ETF 名稱	標的指數
0061	寶滬深	滬深 300 指數
006205	FB 上證	上證 180
006206	元上證	上證 50 指數
006207	FH 滬深	滬深 300 指數
00633L	上證 2X	上證 180 兩倍槓桿指數
00634R	上證反	上證 180 反向指數
008201	上證 50	上證 50 指數
0080	恒中國	恒生 H 股指數
0081	恒香港	恒生指數
00636	CFA50	富時中國 A50 指數
00637L	滬深 2X	滬深 300 日報酬正向兩倍指數
00638R	滬深反	滬深 300 日報酬反向一倍指數
00639	深 100	深證 100 指數

※ 資料來源：台灣證券交易所

重點　對於沒有太多時間投入研究陸股的投資者，可以投資陸股相關的 ETF，來參與中國的上漲行情！

投資陸股 ETF 致勝四眉角

Q 投資陸股 ETF 有什麼要注意的地方？

A ETF 的買賣方式，跟現股一樣，主要差別在於，你所買進的 ETF，其價格的漲跌表現，會跟它所連動的指數有關。例如，如果你看好上海交易所的表現，你就可以買進連動上證指數的「FB 上證」、「元上證」、「上證 50」、「上證 2X」等 ETF；這幾檔的差別，在於連動的「成分股指數」不同，有的成分股有 180 檔，有的只有 50 檔。另外，如果你極度看好上證指數的表現，你還可以大力買進「上證 2X」，因為它連動的是上證 180 兩倍槓桿指數的表現。相反的，如果你認為這一陣子上證股市會回檔，你就可以選擇「上證反」、或「滬深反」。這種純粹只是對於股市大盤的方向（是漲還是跌）有看法，而不是針對個股有明確的多空、或目標價是多少而胸有成竹的投資人來說，是一種很方便參與大陸股市上漲行情的投資方式。只不過投資 ETF，仍然有幾個「眉角」要注意的，整理如下，供投資朋友參考。

眉角１：買進「槓桿」與「反向」的 ETF，就有融資、融券的效果

在表格中陸股的 ETF，有所謂「兩倍槓桿指數」、「反向指數」，就是指，針對上證 180 指數，推出 2 倍槓桿效果的「上證 2X」ETF，或是跟上證 180 指數走勢相反的「上證反」反向 ETF。所謂的槓桿 ETF，就是把所連動的標的指數波動幅度放大 N 倍；這就跟台灣投資人使用融資買進個股一樣，可以獲得 2.5 倍「放大」效

果一樣；當然，萬一你看錯方向，也是以同等倍數虧損。舉買進「上證2X」為例，假設上證180指數當日上漲1%，那麼你買進「上證2X」，「理論」上應該會上漲2%，那麼你就可以有加倍的獲利。可如果當日上證180指數下跌1%，那麼「上證2X」的價格就會下跌2%。

具槓桿特性的上證 2X ／滬深 2X

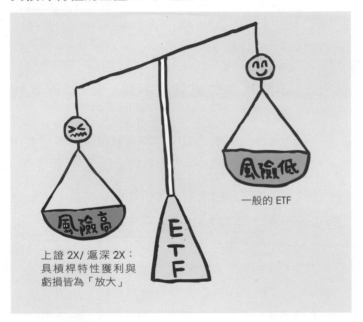

上證 2X/ 滬深 2X：
具槓桿特性獲利與
虧損皆為「放大」

一般的 ETF

　　而反向ETF，顧名思義，就是直接跟所連動的標的指數漲幅相反。例如買進「上證反」，就是你預期上證指數最近走勢疲軟，會有回檔的走勢；因此當上證180指數果真下跌1%時，你所買進的「上證反」的價格反倒會上漲1%。這就好比你看壞個股，你會想融券放空的道理是一樣的；可是你放空個股，有時會遇到無券可空、或停資停券的情形，但你買進反向型ETF，卻不用擔心有這種情形發生；當然也不用擔心融券需要強制回補的困擾。

由於陸股這最近一年來，漲勢凌厲，自然波動程度也會日益擴大，如果可以採取操作這種槓桿或反向型的ETF，多空皆宜，可以把資金效益極大化。更何況這一類型的ETF，雖然有融資、融券可以較小本金取得槓桿的效果，卻又不必支付融資的利息費用、或借券費，也不會有融資斷頭、融券回補的壓力，可以說是積極投資人的首選。但要提醒投資人注意的是，因為近期陸股波動加劇，投資前得要善設停利及停損點，免得紙上富貴、或有超額損失的憾事發生。

眉角2：追蹤指數的成分股不同，ETF的走勢就會不同

從我們所整理的表格當中，讀者會發現，各檔ETF所追蹤的指數不大一樣。這當中有何差別呢？

首先，可以從指數內所追蹤的產業來考量。目前在台灣掛牌的陸股ETF所追蹤的指數包括：上證180、上證50、滬深300、富時中國A50四種。其中上證50及富時中國A50所包含的大型藍籌股較多；但是滬深300所涵括的，則較偏向於中型股。因為目前上海證交所上市的A股有1,000多檔、深圳證交所有1,200多檔，如果只挑選其中的前50名，自然會是較偏向於大型藍籌股。但是滬深300，則是挑選在上海跟深圳掛牌上市的市值前300名，相對的，中型類股佔比就會比較多。

此外，由於金融類股向來占大陸股市的指數比重很高，眾所周知的大型銀行，像是招商銀行、民生銀行、建設銀行等金融類股，就佔上證50成分股中的65%（參見下表），富時中國A50中，金融類股也是占比高達65%。而上證180指數的金融股比重46%、滬深300指數的金融股比重更低，只有36%。如果投資朋友看好中

國的人口紅利、或者著重於中國的內需市場的話，可以
滬深 300 指數為主，因為在深圳證交所掛牌的公司，較
偏重內需市場。所以，投資朋友可以進一步根據你自己
的偏好，選擇相對應的 ETF 來投資。

　　跟「台灣 50」指數成分股一樣，追蹤大陸的每個指
數的成分股也會定期更動，像滬深 300 指數也是每半年
會更動一次，各個證交所也會提前公告週知，是否有成
分股遭到下市、併購或更換的情形。這些都可以直接在
上海、深圳、香港 3 個證交所網站上查詢得到，投資人
可以隨時上網更新相關資訊。

主要指數行業分類權重比較表

指數	深証100（%）	滬深300（%）	上証50（%）	上証180（%）	A50（%）
金融	16.20	36.45	65.34	46.20	64.87
房地產	8.60	4.32	1.74	5.00	3.19
可選消費	24.64	12.45	3.72	6.64	7.55
信息技術	13.43	5.62	0.55	2.91	0.82
工業	12.28	15.50	12.85	15.67	10.20
材料	7.80	7.13	3.16	6.54	1.84
日常消費	7.14	5.59	4.89	4.76	4.50
醫療保健	6.40	5.05	2.05	3.95	0.00
公用事業	2.21	3.54	0.00	3.22	1.53
能源	1.40	3.38	4.45	3.82	4.05
電信服務	0.00	0.90	1.27	1.27	1.44

資料來源：富邦投信

眉角 3：陸港股 ETF 的交易單位與台股不同

　　知道了各個 ETF 所連結的標的指數不同之外，投資
人還得瞭解這些跨境掛牌的 ETF，其交易單位是有別於
台灣的。大家習以為常的台灣股市，每交易一個單位（一
張），就是一千股，可是，上述的 ETF，其交易單位，
就不一定都是一千股。像「恒中國」、「恒香港」這兩

檔 ETF，因為是直接從香港引進，其交易單位，就不同於台股的每張 1,000 股，投資人在買賣交易時，要注意「恒中國」的 1 張是「200」股、「恒香港」的 1 張是「100」股。另外，「上證 50」也跟香港證交所規定一樣，1 張為「100」股。這些跟台股交易習性不同的地方，投資朋友在投資之前，可要特別的注意，作好資金的控管才好。

眉角 4：陸港股 ETF 無漲跌幅限制且沒有配息

從 2015 年 6 月起，台股的漲跌幅由 7% 放寬至 10%，因此，相對應的台股 ETF，譬如台灣 50 指數股票型基金（台股代號：0050）就有漲跌幅最大 10% 的限制。但由於近期陸股波動起伏比台股來得大很多，再加上投資陸股的 ETF，不管是追蹤 A 股還是 H 股的指數變化，都不像台股有漲跌幅最大 10% 的限制，因此，投資人在下單時，要注意風險控管，最好是掛限價單來買進或賣出，而不要用市價掛單，這樣可以避免買賣在非常不合理的價位，造成重大的損失。

「分批進場，分批出場」投資不敗心法

　　另外，還要提醒投資朋友的是，投資台股的 ETF，除了可以賺價差之外，向來都有配息的機制；可是，目前在台灣掛牌交易，投資於 A 股或 H 股的 ETF，都沒有配息的機制。當所追蹤連結的標的成分股有配股配息時，會直接反應到淨值之中，並沒有配息這部份可以期待；換句話說，投資人只能靠賺取價差來獲利而已。

　　最後，還要提醒投資朋友，買賣上述的陸港股 ETF，最好採取「分批進場、分批出場」的操作策略；這是因為陸港股的 ETF 走勢與上證 50、上證 180 等各指數連動關係密切，在大陸與香港股市波動加劇時，投資人更應密切注意相關指數的走勢，避免追高殺低的遺憾發生。

重點 陸港股 ETF 彼此連動性高，所以在投資時更要考量自身對風險的承受度，注意相關指數的走勢！

國家圖書館出版品預行編目資料

3天搞懂中國投資：搭乘「貨幣直航」，直掏億人腰包，錢滾錢，賺最快！／
梁亦鴻著 — 二版 — 臺北市：日月文化, 2015.08；248頁；17x23公分

ISBN 978-986-248-487-6（平裝）
1.股票投資 2.證券市場 3.中國

563.53　　　　　　　　　　　　　　　　　　　　104011575

圖解筆記 07

3天搞懂中國投資：
搭乘「貨幣直航」，直掏億人腰包，錢滾錢，賺最快！

作　　者：梁亦鴻
文字整理：陳珈螢
主　　編：王彥萍
責任編輯：王彥萍
封面設計：王淳安、許葳
內頁排版：王淳安、帛格有限公司
插　　圖：王淳安
寶鼎行銷顧問；劉邦寧

發 行 人：洪祺祥
總 編 輯：林慧美
副總編輯：謝美玲
法律顧問：建大法律事務所
財務顧問：高威會計師事務所
出　　版：日月文化出版股份有限公司
製　　作：寶鼎出版
地　　址：臺北市信義路三段151號9樓
電　　話：(02)2708-5509　傳真：(02)2708-6157
客服信箱：service@heliopolis.com.tw
網　　址：www. heliopolis.com.tw
郵撥帳號：19716071 日月文化出版股份有限公司

總 經 銷：聯合發行股份有限公司
電　　話：(02)2917-8022　傳真：(02)2915-7212
製版印刷：禾耕彩色印刷事業股份有限公司
初　　版：2013年06月
二版一刷：2015年08月
定價：280元

ISBN：978-986-248-487-6

圖解
筆記

圖解
筆記